クリーンアジャイル

Clean Agile

基本に立ち戻れ

Robert C. Martin 著
角 征典、角谷信太郎 訳

JN039055

ASCII
DWANGO

商標
本文中に記載されている社名および商品名は、一般に開発メーカーの登録商標です。
なお、本文中では TM・ⓒ・Ⓡ表示を明記しておりません。

Clean Agile

BACK TO BASICS

Robert C. Martin

Pearson

Boston • Columbus • New York • San Francisco • Amsterdam • Cape Town
Dubai • London • Madrid • Milan • Munich • Paris • Montreal • Toronto • Delhi • Mexico City
São Paulo • Sydney • Hong Kong • Seoul • Singapore • Taipei • Tokyo

Copyright

Authorized translation from the English language edition, entitled CLEAN AGILE: BACK TO BASICS, 1st Edition, by MARTIN, ROBERT C., published by Pearson Education, Inc, publishing as Prentice Hall, Copyright © 2020 Pearson Education, Inc.

All rights reserved. No part of this book may be reproduced or transmitted in any form or by any means, electronic or mechanical, including photocopying, recording or by any information storage retrieval system, without permission from Pearson Education, Inc.

JAPANESE language edition published by DWANGO CO., LTD., Copyright © 2020.

Japanese translation rights arranged with PEARSON EDUCATION, INC. through JAPAN UNI AGENCY, INC., TOKYO JAPAN.

本書は、米国 Pearson Education, Inc. との契約に基づき、株式会社ドワンゴが翻訳、出版したものです。

推薦の言葉

アジャイルの旅には常にアンクル・ボブの姿がある。彼は第一人者だ。この楽しそうな本には、歴史や個人的な物語とあらゆる知恵が詰まっている。アジャイルとは何であり、アジャイルがどのように成立したのかを理解したければ、本書を読むといいだろう。

——グラディ・ブーチ

ボブのフラストレーションは『Clean Agile』のすべての文に彩りを与えている。それは正当なフラストレーションである。現状のアジャイル開発の世界は「ありえた」ものと比べると見劣りする。本書はその「ありえた」ものに近づくために、何にフォーカスすべきかを示したボブの視点である。彼はすでにそこにいる。耳を傾ける価値があるだろう。

——ケント・ベック

アンクル・ボブのアジャイルの解釈を読むのはいいものだ。あなたが初心者であっても、ベテランのアジリスタ（アジャイル実践者）であっても、本書を読むといいだろう。私はほとんどの部分に同意している。自分の認識不足を気づかせてくれるところもあった。なんてこった。おかげで我々のコードカバレッジ（85.09%）を再確認できた。

——ジョン・カーン

本書の目的は事実関係を正すことにある。アジャイル開発のことを完全かつ正確に見るための歴史的なレンズを提供する。アンクル・ボブは私の知るなかで最も賢い人物であり、プログラミングに対する無限の熱意を持った人物である。アジャイル開発をわかりやすく説明できる人がいるとしたら、それは彼である。

——ジェリー・フィッツパトリック（序文より抜粋）

風車や滝（ウォーターフォール）を相手に戦ったことのあるすべてのプログラマーへ

目　次

第4章 チームプラクティス …………………………… **101**

第5章 テクニカルプラクティス ………………………… **113**

第6章 アジャイルになる ………………………………… **129**

第7章 クラフトマンシップ …………………………… **157**

序文

アジャイル開発とは何か？　どうやって生まれたのか？　どのように進化したのか？

本書では、これらの質問にアンクル・ボブが丁寧に答えてくれる。また、アジャイル開発が誤解されている状況や、不正利用されている状況を指摘してくれている。彼の視点は適切である。彼はアジャイルの第一人者であり、アジャイル開発の誕生の瞬間に立ち会った人物のひとりだからだ。

ボブとは長年の友人だ。彼とはじめて会ったのは、私が 1979 年に Teradyne 社の電気通信部門に配属されたときである。私は電気エンジニアとして、製品の設置やサポートを担当していた。その後、ハードウェア設計者に転身した。

入社してから約 1 年後、同社は新製品のアイデアを探し求めていた。1981 年、ボブと私は電子受付係（転送機能のついた留守番電話システム）を提案した。会社はそのコンセプトを気に入ってくれて、我々はすぐにその「ER（The Electronic Receptionist）」の開発を開始した。プロトタイプは最先端のものだった。Intel 8086 プロセッサーの MP/M で動作していた。ボイスメッセージのデータは 5MB の Seagate ST-506 ハードディスクに保存するようにした。

私はボイスポートのハードウェアを設計した。ボブはアプリケーションを開発した。ハードウェアの設計が終わってから、私もアプリケーションのコードを書いた。それ以降、私は開発者として働いている。

1985 年か 1986 年頃、Teradyne 社は突然 ER の開発を中止した。我々には何も知らされず、特許出願も取り下げられてしまった。この決定には後に同社も後悔しただろう。そして、我々を落胆させる決定でもあった。

最終的に我々は、Teradyne 社を離れることになった。ボブはシカゴ地区でコンサルティング事業を始めた。私はソフトウェアの受託開発者とインストラクターになった。州は違っていたが、お互いに連絡を取り続けていた。

私は 2000 年頃まで、Learning Tree International 社でオブジェクト指向の分析と設計を教えていた。このコースには、UML や統一ソフトウェア開発プロセス（USDP）も含まれていた。私はこれらの技法については詳しかったが、スクラムや XP などの手法にはそれほど詳しくなかった。

2001 年 2 月、アジャイルマニフェスト（宣言）が出された。多くの開発者と同様に、私の最初の反応も「アジャイルって何？」だった。私の知っている「宣言」というと、カール・マルクスの共産主義者宣言だけだ。アジャイルは対立を引き起こそうとしているのか？　ヤバい！

ソフトウェアの過激派だ！

アジャイルマニフェストはちょっとした反乱だった。協調的、適応的、フィードバック主導の
アプローチを使用することで、ムダのないクリーンなコードの開発を促進するというものだっ
た。ウォーターフォールや USDP のような「重量級」プロセスの代替案を提案していたので
ある。

アジャイルマニフェストが出されてから 18 年になる。つまり、現代の開発者にとって、これ
は大昔の話になる。そのため、現在のみなさんのアジャイル開発の理解は、作者たちの本来の
意図と一致していない可能性がある。

本書の目的は事実関係を正すことにある。アジャイル開発のことを完全かつ正確に見るため
の歴史的なレンズを提供する。アンクル・ボブは私の知るなかで最も賢い人物であり、プログ
ラミングに対する無限の熱意を持った人物である。アジャイル開発をわかりやすく説明できる
人がいるとしたら、それは彼である。

ジェリー・フィッツパトリック
Software Renovation Corporation
2019 年 5 月

はじめに

　本書は研究の成果ではない。入念な文献レビューはしていない。みなさんがこれから読むのは、約20年間アジャイルと関わってきた私の個人的な思い出、観察、意見である。それ以上でも、それ以下でもない。

　文体はくだけた会話調にしている。私の言葉選びは無作法なところがある。文中には（少し修正された）無作法な言葉が登場する。悪態をついているわけではなく、そのほうが私の意図がうまく伝わると考えたからだ。

　おっと、本書は個人的な戯言だけを書いているわけじゃない。必要だと思ったところには、みなさんが調べられるようにちゃんと参考文献を引用している。それから、私と同じくらい古参のアジャイルコミュニティの人たちに事実を確認してもらっている。また、何人かにお願いして、補足情報や反対意見を寄稿してもらっている。それでも、本書は学術的なものではない。回想録だと思ったほうがいいだろう。アジャイルを始めたばかりの子どもたちに「うちの芝生に入るな！」と怒鳴るガンコ親父の愚痴のようなものだ。

　本書はプログラマーとプログラマー以外の両方を対象にしている。技術書ではない。コードも出てこない。プログラミング、テスト、マネジメントといった技術的詳細に立ち入ることな

く、アジャイルソフトウェア開発の本来の目的の概要を提供するものである。

　本書は分量が少ない。扱う話題がそれほど大きくはないからだ。アジャイルとは、小さなことをしている小さなプログラミングチームの小さな問題を扱う小さなアイデアである。アジャイルとは、大きなことをしている大きなプログラミングチームの大きな問題を扱う大きなアイデア**ではない**。小さな問題に対する小さな解決策に名前がついているとは、皮肉なものだ。小さな問題は、ソフトウェアが発明された直後の 1950 年代から 60 年代にすでに解決されている。当時は小さなソフトウェアチームが小さなことをうまくやれるように学んでいた。だが、1970 年代に道を踏み外してしまった。小さなことをうまくやっていた小さなソフトウェアチームは、大きなことを大きなチームでやるべきだというイデオロギーに巻き込まれてしまったのである。「大きなことは大きなチームでするんじゃないの？」そんなことはない！　大きなことは大きなチームなんかじゃできない。小さなことをする小さなチームがいくつも集まり、コラボレーションしながら大きなことを成し遂げるのだ。1950 年代と 60 年代のプログラマーは、そのことを直感的にわかっていた。だが、1970 年代には忘れられてしまった。

　なぜ忘れられたのか？　おそらく断絶があったからだろう。1970 年代にプログラマーの数が爆発的に増加した。それ以前は世界中で数千人しかプログラマーはいなかった。それが数十万人になった。現在では 1 億人に近づいている[1]。

　1950 年代や 60 年代の初期のプログラマーたちは若者ではなかった。30 代、40 代、50 代でプログラミングを始めた者ばかりだった。プログラマーの数が爆発的に増加し始めた 1970 年代になると、彼らが引退し始めた。つまり、必要とされるトレーニングが実施されなかったのだ。20 代かそこらの若手が働き始めた頃に、経験豊富な者たちが去ったものだから、彼らの経験がうまく次世代に継承されなかったのである。

　この出来事を「プログラミングの暗黒時代のはじまり」と呼ぶ者もいる。30 年間、我々は大きなことを大きなチームでやることに苦労してきた。本来であれば、多くの小さなことを多くの小さなチームでやるべきなのだが、そのことを知らないままでいた。

　90 年代半ばになると、我々は失ったものに気づき始めた。小さなチームの考えが誕生し、成長し始めたのである。こうした考えはソフトウェア開発者のコミュニティに広がり、さらに勢いを増していった。2000 年になると、我々は業界全体の再起動が必要だと認識した。先輩たちが直感的にわかっていたことを思い出す必要があった。繰り返しになるが、小さなことをする小さなチームがいくつも集まり、コラボレーションしながら大きなことを成し遂げることを、我々はあらためて認識する必要があったのだ。

　この考えを普及させるために「アジャイル」という名前をつけた。

　この文章は、2019 年の最初の日に書いている。2000 年の再起動から約 20 年が経ったが、も

1　訳注：1 億人は言いすぎで、実際には数千万人だと思われる。

ういちど再起動が必要だと感じている。なぜか？　アジャイルのシンプルで小さなメッセージが、次第に不明瞭になってきたからだ。今はリーン、カンバン、LeSS、SAFe、モダンアジャイル、Skilled[2]など、さまざまなコンセプトが組み合わさっている。これらのアイデアは悪くはないが、オリジナルのアジャイルのメッセージではない。

　先輩たちが50年代や60年代にわかっていたこと、我々が2000年に学んだこと、それらを今こそ思い出すべきだ。本来のアジャイルが何であったかを思い出すときがやってきたのだ。

　本書には新しいものはない。驚異的なものや衝撃的なこともない。古いものを打ち壊すようなものもない。2000年に語られていたアジャイルを言い直しただけだ。おっと、もちろん別の視点から言い直している。この20年間で学んだことも書き足している。だが、本書のメッセージは、基本的に2001年[3]や1950年代のメッセージと同じである。

　それは古いメッセージだ。本物のメッセージだ。小さなことをする小さなソフトウェアチームが小さな問題に小さな解決策を与えるメッセージだ。

2　訳注：何のことか不明。著者に質問したが回答がなかった。
3　訳注：アジャイルマニフェストの年。

謝辞

　最初に感謝したいのは、勇敢なプログラマーのペアであるウォード・カニンガムとケント・ベックだ。彼らは本書で触れたプラクティスを楽しそうに発見（あるいは再発見）してくれた。

　次はマーチン・ファウラー。特にアジャイルの黎明期に彼の手腕がなかったなら、アジャイル革命は誕生していなかっただろう。

　ケン・シュエイバーは、アジャイル導入の促進に不屈のエネルギーを注ぎ込んでくれた。

　メアリー・ポッペンディックは、アジャイルムーブメントに無償かつ無尽蔵のエネルギーを注いでくれた。また、Agile Alliance を育ててくれた。

　マイク・ビードルは、アジャイルのために戦ってくれた。だが、不条理にもシカゴの路上でホームレスに殺害されてしまった。

　アジャイルマニフェストの作者は他にもいる。特別の感謝を示したい。

　アリー・ヴァン・ベナクム、アリスター・コーバーン、ジェームス・グレニング、ジム・ハイスミス、アンドリュー・ハント、ジョン・カーン、ブライアン・マリック、スティーブ・メラー、ジェフ・サザーランド、デイヴ・トーマス。

　友人であり、当時のビジネスパートナーでもあるジム・ニューカークとは、我々（特に私）が想像もできなかったほどの逆風に耐えながら、アジャイルをサポートするために休むことなく働いた。

　Object Mentor 社で働くみなさんにも感謝したい。アジャイルの導入と促進のリスクを背負ってもらった。その多くは、最初の「XP Immersion」コースのキックオフの写真に写っている（図1）。

　Agile Alliance を作るために集まってくれた人にも感謝したい。そのうちの何人かはキックオフミーティングの写真に写っている（図2）。

　最後に出版社のみなさんに感謝したい。特に担当のジュリー・ファイファーには深く感謝を申し上げる。

図1　後列：ロン・ジェフリーズ、筆者、ブライアン・バトン、ローウェル・リンドストローム、ケント・ベック、ミカ・マーチン、アンジェリーク・マーチン、スーザン・ロッソ、ジェームス・グレニング
前列：デヴィッド・ファーバー、エリック・ミード、マイク・ヒル、クリス・ビーゲイ、アラン・フランシス、ジェニファー・コーンケ、タリーシャ・ジェファーソン、パスカル・ロイ
写真に写っていない人たち：ティム・オッティンガー、ジェフ・ランガー、ボブ・コス、ジム・ニューカーク、マイケル・フェザーズ、ディーン・ワンプラー、デヴィッド・チェリムスキー

図2　左から：メアリー・ポッペンディック、ケン・シュエイバー、著者、マイク・ビードル、ジム・ハイスミス（写真に写っていないのはロン・クロッカー）

著者について

Robert C. Martin（アンクル・ボブ）は、1970 年からプログラマーである。cleancoders.com の共同創業者であり、ソフトウェア開発者向けの学習用動画をオンラインで提供している。また、Uncle Bob Consulting LLC. を設立し、世界中の大企業を対象としたソフトウェアコンサルティング、トレーニング、スキル開発を行っている。シカゴに本拠地を置くコンサルティングファーム 8th Light, Inc. では、Master Craftsman を務めていた。

さまざまな業界誌に寄稿し、国際的なカンファレンスや展示会でも頻繁に講演している。また、評価の高い教育ビデオシリーズ（cleancoders.com）の作者でもある。以下に挙げる書籍の執筆や編集も手掛けている。

- 『Designing Object Oriented C++ Applications Using the Booch Method』
- 『Pattern Languages of Program Design 3』
- 『More C++ Gems』
- 『Extreme Programming in Practice（邦訳：XP エクストリーム・プログラミング実践記――開発現場からのレポート）』
- 『Agile Software Development（邦訳：アジャイルソフトウェア開発の奥義）』
- 『UML for Java Programmers（邦訳：Java プログラマのための UML）』
- 『Clean Code（邦訳：Clean Code――アジャイルソフトウェア達人の技）』
- 『The Clean Coder（邦訳：Clean Coder――プロフェッショナルプログラマへの道）』
- 『Clean Architecture（邦訳：Clean Architecture――達人に学ぶソフトウェアの構造と設計）』

ソフトウェア開発の業界のリーダーとして、「C++ Report」の編集長を 3 年間務め、Agile Alliance の初代委員長でもあった。

アジャイル入門 第1章

　2001年2月、17名のソフトウェアの専門家がユタ州スノーバードに集まった。ソフトウェア開発の悲惨な状況について話し合うためである。当時のほとんどのソフトウェアは、ウォーターフォールやRUP（Rational Unified Process）のような、儀式的で効果のない重量級のプロセスで開発されていた。17名の専門家が目指したのは、効果のある軽量級のアプローチを広めるためのマニフェスト（宣言）の作成だった。

　だが、それは簡単なことではなかった。17名はさまざまな経験と異なる主張を持っていた。そのようなグループで合意に達することを期待するのは大きな賭けだ。だが、大方の予想に反して、合意に達することができた。「アジャイルマニフェスト」が完成したのである。そして、ソフトウェアの分野で最も強力で、最も長続きしているムーブメントが誕生した。

　ソフトウェアのムーブメントがたどる道は予測できる。最初の頃は、少数の熱心なサポーター、少数の熱心なアンチ、大多数の関心がない人たちがいる。多くのムーブメントはその段階で消滅してしまう。少なくともそこから抜け出すことはないだろう。たとえば、アスペクト指向プログラミング、論理プログラミング、CRCカードを考えてみてほしい。一方、キャズムを越えて知名度が高まり、論争に発展するものもあるだろう。さらにはそうした論争を抜け出

して、主流の知識体系の一部になるものもある。オブジェクト指向はその一例だ。そして、アジャイルも同じである。

　残念ながら、ムーブメントの知名度が高まると、誤解や不正利用が発生するようになり、ムーブメントの名前が不明瞭になる。何ひとつ関係のないプロダクトや手法が、ムーブメントの名前の知名度と意味を無断で拝借するようになる。そして、アジャイルにもそうしたことが発生している。

　スノーバードの出来事から約 20 年後に執筆された本書の目的は、事実関係を明確にすることである。不明瞭な用語を使わずにアジャイルを真正面から説明することで、実践でも使いものになることを目指している。

　ここで紹介するのは、アジャイルの基本である。多くの人たちがアジャイルの装飾や拡張を手がけてきた。そのこと自体は別に問題ではないが、装飾や拡張したものはアジャイルではない。それはアジャイルに何かを足したものである。これからあなたが目にするのは、アジャイルとは何か、アジャイルとは何だったか、アジャイルが必然的にこれから何になるかである。

アジャイルの歴史

　いつからアジャイルが使われ始めたのか？　おそらく 5 万年以上前からだろう。当時から人間はお互いに協力して、共通の目標を達成しようとしていた。中間目標を設定して、そこまでの進捗を計測するという考えは、非常に直感的であり、あまりにも人間的であるため、革命とみなすほどでもないだろう。

　近代産業において、いつからアジャイルが使われ始めたのか？　明確なことはわからないが、世界初の蒸気機関、製粉機、内燃エンジン、飛行機などを生み出した技法が、現代ではアジャイルと呼ばれているのだろう。なぜなら、小さなステップを着実に進めていくやり方は、あまりにも自然で人間的であり、それ以外のやり方は考えられないからだ。

　それでは、ソフトウェアにおいて、いつからアジャイルが使われ始めたのか？　アラン・チューリングが 1936 年の論文[1]を執筆している様子を間近で見れたらよかったのだが、そうも言っていられないので想像になってしまうが、彼が論文に書いた多くの「プログラム」は、おそらく小さなステップを机上で何度も確認しながら開発されたものだろう。また、これも想像になってしまうが、彼が 1946 年に ACE（Automatic Computing Engine）のために書いた最初のコードも、小さなステップを机上で何度も確認しながら、さらに実際のテストを行いつつ開発され

1　Turing, A. M. 1936. On computable numbers, with an application to the Entscheidungsproblem [proof]. *Proceedings of the London Mathematical Society*, 2 (published 1937), 42(1):230–65. この論文を理解するには、チャールズ・ペゾルドの名著 Petzold, C. 2008. *The Annotated Turing: A Guided Tour through Alan Turing's Historic Paper on Computability and the Turing Machine*. Indianapolis, IN: Wiley.（邦訳：『チューリングを読む』日経 BP 社）を読むといいだろう。

たものだろう。

　初期のソフトウェア開発では、現代のアジャイルのような振る舞いがよく見られる。たとえば、マーキュリー宇宙カプセルの制御ソフトウェアを書いたプログラマーは、半日の単位で仕事をしていた。それがユニットテストの単位だったからだ。

　他にも当時の様子について書かれたものは数多く存在する。たとえば、クレイグ・ラーマンとヴィック・バシリは、ソフトウェアの歴史をウォード・カニンガムの Wiki[2] やラーマンの著書『初めてのアジャイル開発』（日経 BP 社）[3] にまとめている。だが、アジャイルだけが選択肢ではなかった。製造業や工業全般で大きな成功を収めた方法論「科学的管理法」が存在していたのである。

　科学的管理法とは、トップダウンのコマンド＆コントロール型のアプローチである。まず、マネージャーが科学的手法を使用して、ゴールを達成するための最適な手順を特定する。そして、その計画に厳密に従うことをすべての部下に指示する。つまり、事前に作られる大きな計画と、それに続く慎重で詳細な実行で成り立っている。

　科学的管理法は、おそらくピラミッドやストーンヘンジなどの古代の偉大な作品と同じくらい古いものだろう。なぜならそのような作品が科学的管理法なしに作られたとは思えないからだ。繰り返しになるが、うまくいったプロセスを繰り返すという考えは、非常に直感的であり、あまりにも人間的であるため、革命とみなすほどでもないだろう。

　科学的管理法という名前は、1880 年代のフレデリック・ウィンズロー・テイラーの業績に由来する。テイラーは、このアプローチを体系化および商品化して、経営コンサルタントとして富を築いた。この技法は大きな成功を収め、その後の数十年間で効率性と生産性が格段に向上することになった。

　ソフトウェアの世界は、2 つの対立する技法が交差する地点に立たされていた。1970 年のことである。プレ・アジャイル（「アジャイル」と呼ばれる前のアジャイル）では、短期間のリアクティブな手順を使用していた。これは、優れた成果に向かい、ランダムウォークしながら、計測と洗練を繰り返して調整していくものである。一方、科学的管理法では、徹底的な分析が終わるまで行動を遅延させ、詳細な計画を作成していた。

　プレ・アジャイルは、変更コストが低く、目標がインフォーマルに規定されており、部分的に定義された問題を解決するプロジェクトに適している。科学的管理法は、変更コストが高く、目標が具体的であり、明確に定義された問題を解決するプロジェクトに適している。

　ここで疑問が生じる。ソフトウェアのプロジェクトとは、どのような種類のプロジェクトなのか？　変更コストが高く、具体的な目標を持ち、明確に定義されたものなのか。それとも、

2　ウォードの Wiki（c2.com）は、インターネットに登場した最初のオリジナルの Wiki である。これからも存続してもらいたい。

3　Larman, C. 2004. *Agile & Iterative Development: A Manager's Guide*. Boston, MA: Addison-Wesley.

変更コストが低く、インフォーマルな目標を持ち、部分的に定義されたものなのか。

　あまり深く考えないでほしい。私の知る限り、実際にこのような質問をした人などいないからだ。皮肉なことに、1970 年代に我々が選んだ道は意図的なものというよりも、偶然によって導かれたようである。

　1970 年にウィンストン・ロイスが、大規模なソフトウェアプロジェクトを管理するアイデアを論文にまとめた[4]。この論文には、彼の計画を示したとされる図（**図 1-1**）が描かれていた。だが、この図はロイスが作ったものではなく、彼の計画を示したものでもなかった。実際には、論文の後半のページで論破する予定の「わら人形」だったのだ。

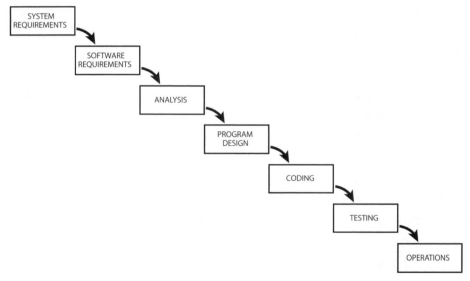

図 1-1　ウォーターフォール開発のきっかけとなったウィンストン・ロイスの図

　にもかかわらず、この図は論文の 1〜2 ページ目という目立つところに配置されており、この図だけを見て論文の内容を推測する人も多く、結果としてソフトウェア業界に劇的な変化をもたらすものになってしまった。

　ロイスの最初の図が複数の岩を流れ落ちる滝のように見えたことから、この手法は「ウォーターフォール」の名前で知られるようになった。

　ウォーターフォールは科学的管理法の論理的な子孫だった。徹底的に分析して、詳細な計画を作成し、計画が完遂できるまで実行するのである。

　これはロイスの推奨する概念ではなかった。だが、彼の論文から引き出されたのは、この概

4　Royce, W. W. 1970. *Managing the development of large software systems*. Proceedings, IEEE WESCON, August: 1-9. http://www-scf.usc.edu/~csci201/lectures/Lecture11/royce1970.pdf で閲覧。

念だった。そして、その後の 30 年間を支配した[5]。

　ここから私の物語が始まる。1970 年、私は 18 歳だった。イリノイ州レークブラフにある ASC Tabulating という会社でプログラマーとして働いていた。そこには、磁気コアメモリが 16K の IBM 360/30、64K の IBM 360/40、64K の Varian 620/f があった。360 は COBOL、PL/1、Fortran、アセンブラーでプログラミングした。620/f はアセンブラーだけを書いた。

　当時のプログラマーの様子をふりかえることが重要だ。我々はコーディング用紙に鉛筆でコードを記述していた。その用紙をキーパンチオペレーターがカードにパンチしてくれるのだ。我々はカードを注意深くチェックしてから、コンピューターオペレーターに提出する。そして、彼らが深夜にコンパイルとテストを実行してくれた。日中はコンピューターが稼働中で使えなかったからだ。多くの場合、最初にコードを記述してからコンパイルまでに数日かかり、そこから処理が終わるまでのターンアラウンドに通常は 1 日程度かかった。

　だが、620/f は少し違っていた。それは我々のチーム専用のマシンだったのだ。つまり、24 時間 365 日アクセスすることができたわけだ。1 日に 2〜3 回、場合によっては 4 回ほど、ターンアラウンドやテストを実行できた。我々のチームは、当時のプログラマーとしてはめずらしく、全員がタイプすることができた。したがって、気まぐれなキーパンチオペレーターにカードを渡すことなく、自分たちでカードにパンチすることができた。

　我々はどのようなプロセスを使っていたのだろうか？　ウォーターフォールではなかったことは確実だ。詳細な計画に従うという概念など持っていなかった。毎日のように、ハックして、コンパイルして、テストして、バグを修正していただけだ。構造を持たない無限ループだった。アジャイルでもない。プレ・アジャイルでもなかった。我々の仕事のやり方に規律はなかった。テストスイートもなかった。決められた時間間隔もなかった。毎日のようにコードを書いて修正して、毎月のようにコードを書いて修正していた。

　1972 年頃、業界誌でウォーターフォールをはじめて目にした。私には天の恵みのようだった。事前に問題を分析し、解決策を設計して、それを実装する。そんなことが本当にできるのだろうか？　3 つのフェーズだけでスケジュールを作成できるのだろうか？　分析が終わったら、プロジェクトの 3 分の 1 が終わったことになるのか？　ウォーターフォールの概念からはパワーを感じた。それを信じたかった。本当にうまくいくのなら、まるで夢のようだからだ。

　そう思ったのは私だけではなかった。他のプログラマーや企業もウォーターフォールに魅せられていた。そして、前にも述べたが、ウォーターフォールが我々の考え方を支配し始めた。

　我々はウォーターフォールに支配された。だが、ウォーターフォールはうまくいかなかった。それから 30 年間、私と同僚たちは、そして世界中のプログラマーたちは、分析や設計が正しくできるように、何度も何度も何度も試行錯誤を重ねた。だが、どれだけ正しくやったと思っ

5　私の時系列の解釈は、ローレント・ボッサヴィットの『The Leprechauns of Software Engineering: How folklore turns into fact and what to do about it』（Leanpub）の 7 章で否定されている。留意してほしい。

ても、実装フェーズになると指の間からこぼれ落ちていく。マネージャーや顧客から厳しい眼差しを向けられるため、何か月もかけて慎重に計画を立ててみるが、それでも大幅に遅れてしまう。

　何度も失敗を繰り返した。それでも、我々はウォーターフォールの考え方に固執していた。どうして失敗するのだろうか？　徹底的に分析して、慎重に解決策を設計して、その設計を実装すると、どうして見事に失敗するのだろうか？　問題が戦略にあるとは「考えられない（inconceivable[6]）」。問題は我々にあるはずだ。我々は間違ったやり方をしているに違いない。

　我々がウォーターフォールに支配されていた様子は、当時の動向を見ればわかる。1968 年にダイクストラが「構造化プログラミング」を提唱したが、そのあとすぐに「構造化分析[7]」と「構造化設計[8]」がやってきた。1988 年に「オブジェクト指向プログラミング（OOP）」が普及し始めたが、そのあとすぐに「オブジェクト指向分析（OOA）[9]」と「オブジェクト指向設計（OOD）[10]」がやってきた。つまり、「分析」「設計」「実装」の 3 つのフェーズが我々を虜にしていたのだ。それ以外のやり方は考えられなかった。

　だが、突然、我々は考えられるようになった。

　1980 年代後半から 1990 年代初頭にアジャイル改革が始まった。1980 年代から Smalltalk コミュニティにはその兆候があった。1991 年の OOD に関するブーチの書籍[10]にはヒントがあった。1991 年のコーバーンのクリスタル手法では、さらに高い解像度が示された。1994 年にはジェームス・コプリエンの論文[11]に触発されて、デザインパターンのコミュニティが議論を開始した。

　1995 年には[12]、ビードル[13]、デボス、シャロン、シュエイバー、サザーランドが有名なスクラムの論文を書いている[14]。そして、ついに水門が開かれた。ウォーターフォールの要塞は破られ、もう元に戻ることはなかった。

　ここから再び私の物語が始まる。あくまでも私の記憶であり、関係者に確認をとったわけで

6　この単語の正しい発声法については、映画「プリンセス・ブライド・ストーリー」（1987）を見よう（訳注：ちなみに XP の公式映画と言われる作品である）。

7　DeMarco, T. 1979. *Structured Analysis and System Specification*. Upper Saddle River, NJ: Yourdon Press.（邦訳：『構造化分析とシステム仕様』日経 BP 社）

8　Page-Jones, M. 1980. *The Practical Guide to Structured Systems Design*. Englewood Cliffs, NJ: Yourdon Press.（邦訳：『構造化システム設計への実践的ガイド』近代科学社）

9　Coad, P., and E. Yourdon. 1990. *Object-Oriented Analysis*. Englewood Cliffs, NJ: Yourdon Press.（邦訳：『オブジェクト指向分析』トッパン）

10　Booch, G. 1991.　*Object Oriented Design with Applications*.　Redwood City, CA: Benjamin-Cummings Publishing Co.（邦訳：『Booch 法: オブジェクト指向分析と設計』アジソンウェスレイパブリッシャーズジャパン）

11　Coplien, J. O. 1995. A generative development-process pattern language. *Pattern Languages of Program Design*. Reading, MA: Addison-Wesley, p. 183.

12　訳注：1998 年だと思われる。1995 年はケン・シュエイバーの「SCRUM Development Process」が書かれた年。

13　マイク・ビードルは、2018 年 3 月 23 日にシカゴで精神に異常があるホームレスの男に殺害された。犯人は過去に逮捕と釈放を 99 回も繰り返していた。施設に収容されるべきだった。マイク・ビードルは、私の友人だった。

14　Beedle, M., M. Devos, Y. Sharon, K. Schwaber, and J. Sutherland. *SCRUM: An extension pattern language for hyperproductive software development*. http://jeffsutherland.org/scrum/scrumplop.pdf で閲覧。

はない。したがって、情報の抜けや間違いが数多く含まれている可能性があることを了承してもらいたい。その代わり、少しはおもしろくなるように書いたつもりだ。

はじめてケント・ベックに会ったのは、コプリエンの論文が発表された 1994 年の PLOP だった[15]。そのときは出会っただけで何もなかった。次にケントに会ったのは、1999 年にミュンヘンで開催された OOP のカンファレンスだった。会うのは二度目だったが、彼のことはよく知っていた。

当時、私は C++ と OOD のコンサルタントだった。あちこちを飛び回りながら、C++ と OOD のテクニックを利用したアプリケーションの設計と実装を支援していたのである。あるとき顧客から開発プロセスのことを質問された。ウォーターフォールとオブジェクト指向の相性が悪いという話を耳にして、私にアドバイスを求めてきたのである。私もウォーターフォールとオブジェクト指向の相性は悪いのではないかと思っていた[16]。そこで、このことについてじっくりと考えてみることにした。オブジェクト指向の開発プロセスを自分で作ることも考えた。だが、早々にその考えは諦めた。ケント・ベックによるエクストリームプログラミング（XP）の著述に出会えたからだ。

XP について知れば知るほど、私は XP に魅了されていった。この考えは革命的なものだった（当時の私はそう思っていた）。特にオブジェクト指向の文脈においては、理にかなったものだった（繰り返すが、当時の私はそう思っていた）。そして、XP についてもっと学びたいと思った。

ミュンヘンで開催された OOP のカンファレンスの話に戻ろう。驚いたことに、私が講演していた部屋の向かい側の部屋で、ケント・ベックも講演していたのである。休憩中に彼に話しかけ、ランチを食べながら XP について話せないかと誘った。そのランチが我々の重要なパートナーシップの出発点となった。ケントと話し合った結果、オレゴン州メドフォードにある彼の家にお邪魔して、一緒に XP のコースを作ることになった。彼の家に滞在中、私はテスト駆動開発（TDD）をはじめて体験した。そして、夢中になった。

当時、私は Object Mentor という会社を経営していた。ケントとパートナーシップを結び、XP の 5 日間のブートキャンプのコースを提供することになった。それが「XP Immersion」である。1999 年の 12 月から 2001 年の 9 月[17]にかけて、そのコースは大ヒットした！　数百人はトレーニングしただろう。

2000 年の夏、ケントは XP とパターンのコミュニティの主なメンバーを家の近くに招待した。彼はこれを「XP リーダーシップ」ミーティングと呼んでいた。我々は、ローグ川でボートに乗

15　PLOP（Pattern Languages of Programming）とは、1990 年代にイリノイ大学の近くで開催されたカンファレンスのこと。

16　これは何度となく発生する奇妙な偶然のひとつである。オブジェクト指向にウォーターフォールとの相性を悪くする特別なものが存在するわけではなかった。だが、当時はこうした情報が蔓延していたのだ。

17　開催時期が非常に重要である。

り、岸辺をハイキングした。そして、XP について何をしたいかを決めることになった。

　XP の非営利組織を作るというアイデアが出た。私は賛成だったが、反対する者が多かった。彼らはデザインパターンで同様の団体を作ったときに、あまり好ましくない経験をしたそうだ。私は不満を抱きながら議論から離れたが、マーチン・ファウラーがあとを追いかけてきて、本件について今度シカゴで話し合わないかと提案してくれた。私は同意した。

　2000 年の秋、マーチンが働く ThoughtWorks 社のオフィスの近くのコーヒーショップで 2 人は会うことにした。そして、すべての軽量級プロセスの提唱者を集め、統一的なマニフェストを作りたいという私の考えを説明した。マーチンは宛先となる招待リストをいくつか提案してくれた。そして、2 人で協力して招待状の本文を書いた。その日のうちに私は招待状を送信した。件名は「Light Weight Process Summit（軽量級プロセスのサミット）」にした。

　アリスター・コーバーンにも招待状を送っていた。彼は「同様のミーティングを開催しようとしていた」と私に電話をかけてくれた。我々の招待リストにも好意を示してくれた。そして、ソルトレイクシティ近くのスノーバードスキーリゾートで開催するのであれば、我々の招待リストを彼の招待リストと統合して、会議の手配をすると提案してくれた。

　こうして、スノーバードの会議が予定された。

スノーバード

　多くの人が集まってくれたことに、私は大いに驚いた。「軽量級プロセスのサミット」に参加したい人が本当にいるのだろうか？と思っていたが、こうして「The Lodge at Snowbird」の会議室「Aspen」に集まってくれたのだ。

　参加者は 17 名だった。当時から中年の白人男性ばかりだと非難されてきた。確かにそうかもしれない。ただ、参加はできなかったが、少なくともひとりは女性を招待していた。アグネータ・ヤコブソンである。とはいえ、当時のシニアプログラマーの大半は中年の白人男性ばかりだったのだ。この問題については、また別の機会に別の書籍で触れたいと思う。

　我々 17 名は、非常に多くの異なる視点を持っていた。軽量級プロセスは 5 種類含まれていた。最大のグループは XP チームだった。ケント・ベック、私、ジェームス・グレニング、ウォード・カニンガム、ロン・ジェフリーズだ。次がスクラムチーム。ケン・シュエイバー、マイク・ビードル、ジェフ・サザーランドだ。ジョン・カーンは FDD（ユーザー機能駆動開発）、アリー・ヴァン・ベナクムは DSDM（動的システム開発手法）の代表だ。アリスター・コーバーンは、彼のクリスタルファミリーのプロセスを代表していた。

　その他はグループではなかった。アンディー・ハントとデイヴ・トーマスは「達人プログラマー」。ブライアン・マリックはテストコンサルタント。ジム・ハイスミスはソフトウェアマネ

ジメントのコンサルタント。スティーブ・メラーは、我々が懐疑的なモデル駆動派であり、公正を期すために参加してくれた。最後のマーチン・ファウラーは、XP チームと親しい関係にあったが、すべての名のあるプロセスに懐疑的であり、同時に賛同的でもあった。

みんなが一堂に会した 2 日間のことを私はあまり覚えていない。参加者のなかには私とは違った形で覚えている者もいるだろう[18]。ここでは、私が覚えていることだけを話すことにしよう。これは 65 歳の男性の 20 年前の回想だと思ってほしい[19]。細かいところで間違っているところもあるだろうが、大枠は間違っていないはずだ。

主催者は私だったので、みんなが参加してくれたことに感謝を述べてから、我々のミッションをマニフェストにすることを提案した。マニフェストには、すべての軽量級プロセスとソフトウェア開発全般に共通する我々の信念を記そう。そう言って、私は座った。私が貢献したのはこれだけだ。

みんなで関心事をカードに書き留めてから、床に並べ、親和図法でカードをグループにまとめた。よくやるやり方だ。その結果がどうなったかは私は覚えていない。ただ、やったことは覚えている。

魔法が起きたのが初日だったのか、それとも 2 日目だったのかは覚えていない。初日の終わりだったようにも記憶している。それが親和図法の結果だったかもしれないが、「個人と対話」「動くソフトウェア」「顧客との協調」「変化への対応」という 4 つの価値が特定された。部屋の前にはホワイトボードがあり、誰かがそこに 4 つの価値を書いた。そして、これらは好ましいものだが、「プロセスやツール」「ドキュメント」「契約交渉」「計画」の価値を置き換えるものではなく、補完するものであるというすばらしい考えを述べた。

これがアジャイルマニフェストの中心的な考えである。誰がホワイトボードに書いたのかをはっきりと覚えている者はいないようだ。私はウォード・カニンガムだったと思う。ウォードはマーチン・ファウラーだと言っている。

agilemanifesto.org にある写真を見てほしい。ウォードがその瞬間を写真に撮ったと言っている。ホワイトボードの近くにマーチンがいて、その周りに大勢が集まっていることがはっきりとわかる[20]。これを見ると、先ほどの考えを思いついたのがマーチンだったというウォードの考えが正しそうだ。

とはいえ、本当のことは誰も知らない、としたほうがよさそうだ。

---

18 最近、このイベントの歴史について書かれた記事「The Winter Getaway That Turned the Software World Upside Down」が「The Atlantic」で公開された。https://www.theatlantic.com/technology/archive/2017/12/agile-manifesto-a-history/547715/ で閲覧できる。だが、私はこの記事を読んでいない。ここで回想を書くときに影響を受けたくなかったからだ。

19 訳注：著者は 1952 年生まれである。

20 マーチンの周りにいる写真の人物を左から右に紹介すると、デイヴ・トーマス、アンディー・ハント（またはジョン・カーン）、私（ブルージーンズとベルトのレザーマンでわかる）、ジム・ハイスミス、わからない、ロン・ジェフリーズ、ジェームス・グレニングだ。それから、ロンの後ろに誰かが座っていて、彼の足もとに親和図法で使ったカードが見える。

魔法が起きると、全員が集まってきた。文言を推敲したり、変更したり、調整したりした。以下の前文を書いたのはウォードだったと記憶している。

　私たちは、ソフトウェア開発の実践あるいは実践を手助けをする活動を通じて、よりよい開発方法を見つけだそうとしている。この活動を通して、私たちは以下の価値に至った。

　小さな変更や提案はあったが、これで終わりであることは明らかだった。部屋には締めの空気が流れていた。意見の相違はなかった。議論もなかった。代替案の提案すらなかった。そして、以下の 4 行ができた。

- プロセスやツールよりも**個人と対話**を
- 包括的なドキュメントよりも**動くソフトウェア**を
- 契約交渉よりも**顧客との協調**を
- 計画に従うことよりも**変化への対応**を

　これで終わりである、って言ったっけ？　確かにそんな感じはしていた。だが、そこからさらに詳細を詰める必要があった。なかでも重要だったのは、我々が特定したこれを何と呼ぶべきか？だった。

「アジャイル」という名前がすぐに決まったわけではなかった。他にも候補はいくつもあった。私は「ライトウェイト（軽量級）」がよかったが、「重要ではない」のように聞こえるからと、誰も賛同してくれなかった。「アダプティブ（適応型）」を推す者もいた。「アジャイル」という言葉が登場したときは、軍隊で流行っているバズワードだからという説明があった。「アジャイル」を推す者はいなかったが、どの案もいまいちだったので、そのなかでは最良ということになった。

　2 日目が終わる頃、ウォードが agilemanifesto.org のウェブサイトの開設を申し出てくれた。署名を入れるというアイデアは、彼が言い出したと思う。

スノーバード以降

　その後の 2 週間は、スノーバードの 2 日間と比べると、それほどロマンティックでも波乱に満ちたものでもなかった。みんなで原則を文書化することに尽力していた。最終的にウォードがそれをウェブサイトに追加した。

　4 つの価値を説明して、そこに誘導するためには、文書化が不可欠であると全員が同意していた。4 つの価値は誰もが同意できる文言になっている。自分たちの仕事のやり方を変える必

要もない。原則は４つの価値が「当たり前」以上に重要であることを明確にしたものだ。

　みんなでメールをやり取りしながら、何度も文章を推敲したことは覚えているが、それ以上のことは記憶にない。かなり大変な作業だったが、価値のある作業だとみんなが思っていたはずだ。作業が終わり、みんなは普段の仕事・活動・生活に戻っていった。誰もが物語はそこで終わりだと思っていた。

　その後に非常に大きな支持を集めることになるとは、誰も予想していなかった。あの２日間がそれほどまでに重要だったなんて、誰が想像しただろうか。私は当事者として思い上がることがないように、アリスターも同様の会議を開催しようとしていたことを思い出すようにしている。他にもきっと同じようなことを考えていた人がいたと思う。すでに機は熟していて、たとえ我々17名がユタ州の山で出会わなかったとしても、他のグループがどこかに集まり、同じような結論を導いていただろう。そのように自分に言い聞かせている。

アジャイルの概要

　あなたはソフトウェアプロジェクトをどのように管理しているだろうか？　これまでにさまざまなアプローチが存在してきたが、そのほとんどは粗悪なものだった。ソフトウェアプロジェクトの運命を左右する神の存在を信じているマネージャーたちの間では、「希望と祈り」が人気だ。そのような信念を持っていない人たちは、モチベーションを高める技法に頼ろうとする。たとえば、ムチ、鎖、沸騰している油、岩を登る人々と海の上を飛ぶカモメの写真などを使い、納期を迫ろうとするのである。

　こうしたアプローチは、ほぼ例外なく、ソフトウェアのミスマネジメントという特徴的な症状を引き起こす。残業しているにもかかわらず、開発チームは常に遅れている。そして、顧客のニーズに合致しない明らかに低品質なプロダクトを生み出している。

鉄十字

　こうしたテクニックが華々しく失敗する理由は、マネージャーがソフトウェアプロジェクトの基本的な物理法則を理解していないからである。この物理法則があるために、あらゆるプロジェクトは**鉄十字**と呼ばれるプロジェクトマネジメントのトレードオフに従わなければいけない。つまり「品質」「速度」「費用」「完成」のうち、好きな３つを選べる。４つは選べない。たとえば、高品質で、高速で、安価なプロジェクトは、完成することはない。安価で、高速で、完成するプロジェクトは、高品質ではない。

　優れたマネージャーであれば、この４つの属性に係数があることを理解している。十分な品

質のものを、十分に速く、十分に安く、必要な分だけ完成させながら、プロジェクトを進めていけるわけだ。すべてを100%にしようとするのではなく、各属性の係数をうまくマネジメントしているのである。アジャイルが可能にしようとしているのは、このようなマネジメントだ。

　ここまで説明したところで、アジャイルとは開発者やマネージャーが実践的なプロジェクトマネジメントをすることを**支援する**フレームワークであることを理解してくれたと思う。だが、こうしたマネジメントは自動化できるものではなく、マネージャーが適切に意思決定をするという保証もない。実際、アジャイルのフレームワークを使っていたとしても、プロジェクトのミスマネジメントが発生し、失敗につながる可能性は十分にある。

壁のチャート

　それでは、アジャイルはマネジメントをどのように支援するのだろうか？　**データを提供する**のである。アジャイル開発チームから、マネージャーが適切な意思決定をするために必要なデータを提供するわけだ。

　図1-2を見てほしい。プロジェクトルームの壁にこのようなグラフが貼ってあるとしよう。順調に進んでいることがわかるだろう。

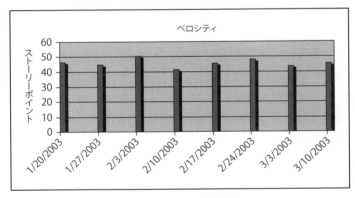

図1-2　チームのベロシティ

　このグラフは、開発チームが毎週どれだけ作業を完了させたかを示している。計測単位は「ポイント」だ。ポイントについては後ほど説明する。とりあえずこのグラフを見てほしい。誰もがこのグラフを見て、チームの速度を確認できる。週の平均ベロシティが約45ポイントであることが10秒未満でわかる。

　マネージャーも含めて誰もが、このチームは来週も約45ポイントを獲得できると予測できるだろう。10週間だと約450ポイントである。これがパワーだ！　マネージャーとチームの両

方でプロジェクトのポイント数の感覚がつかめるようになると、さらに強力になるだろう。実際、優れたアジャイルチームは、こうした情報を別のグラフにして壁に貼っている。

図1-3は**バーンダウンチャート**と呼ばれるものだ。次のマイルストーンまでにどれだけポイントが残っているかを示している。毎週の減少分に注目してほしい。ベロシティのポイント数よりも減っていないことに気づいただろうか。これは、開発中に新しい要求や課題が発見されているからである。

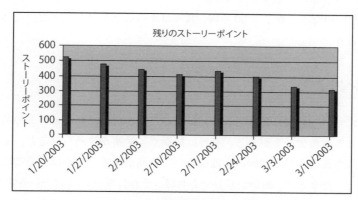

図1-3　バーンダウンチャート

　バーンダウンチャートには傾斜があり、マイルストーンに到達しそうな時期を予測できるようになっている。誰もが部屋に足を踏み入れ、上記の2つのグラフを見られる。そして、このまま週に約45ポイントを消化していけば、6月にはマイルストーンに到達できるという結論に達することが可能だ。

　上記のバーンダウンチャートに停滞が見られることに注目してほしい。2/17の週のところで失速している。おそらく新しい機能の追加や、大きな要求の変更がされたのだろう。あるいは、開発者が残作業を再見積りしたのかもしれない。いずれにしても、プロジェクトを適切にマネジメントできるように、スケジュールに対する影響を把握しておきたい。

　アジャイルでは、これらの2つのグラフを壁に貼ることが非常に重要となる。アジャイルソフトウェア開発を実施する理由のひとつは、プロジェクトの成果を可能な限り高めるために、**鉄十字**の係数を設定するマネージャーに必要なデータを提供することである。

　多くの人が反論するだろう。アジャイルマニフェストはグラフについて何も言及していない。すべてのアジャイルチームがグラフを使っているわけでもない。正確に伝えるならば、重要なのはグラフではない。データである。

　アジャイル開発とは、フィードバック駆動のアプローチのことである。毎週、毎日、毎時、毎分ごとに、その前の週、日、時間、分の結果を見ながら、適切に調整して進めていくのである。

これはプログラマー個人にも当てはまる。チーム全体のマネジメントにも当てはまる。データがないとプロジェクトをマネジメントできない[21]。

したがって、2 つのグラフを壁に貼らなくても、マネージャーにはデータを提供できるようにしてほしい。チームの速度と残りの作業、この 2 つをマネージャーに把握してもらおう。そして、こうした情報を透明性の高い、公開された、明確なやり方で提供しよう。結局、2 つのグラフを壁に貼るのがいい。

どうしてこれらの情報が重要なのだろうか？　データがなければ、本当にプロジェクトをマネジメントできないのだろうか？　30 年間、我々はそのことを試してきた。これからその様子について説明しよう。

最初に知るべきこと

プロジェクトについて最初に知るべきことは何だろうか？　プロジェクトの名前や要求を知る前に、最初に知るべきデータがある。それは**納期**だ。納期が決められると、もう動かすことはできない。凍結されたのだ。交渉の余地はない。納期が決まったのは、そこにビジネス上の理由があるからだ。たとえば、納期が 9 月であれば、それは 9 月に展示会が開催されていたり、9 月にステークホルダーとのミーティングが予定されていたり、9 月に予算が足りなくなったりするからだろう。理由が何であれ、それは**ビジネス**上の理由であり、開発者が作れないという理由だけで変更できるものではない。

それと同時に、要求は流動的であり、凍結することはできない。顧客は本当に望むものをわかっていないからである。**解決**したい問題はわかっているが、それをシステムの要求に変換するのは簡単なことではない。したがって、要求は常に再評価され、再検討されるものである。新しい機能が追加される。古い機能が削除される。UI は毎日ではないにしても、毎週変更されるだろう。

これがソフトウェア開発チームの世界である。納期は凍結されているが、要求は常に変更される世界だ。こうした状況のなかで、開発チームはプロジェクトから何らかの成果を生み出さなければいけない。

---

21 これはジョン・ボイドの OODA ループと強く関係している。OODA ループについては、https://en.wikipedia.org/wiki/OODA_loop および Boyd, J. R. 1987. *A Discourse on Winning and Losing.* Maxwell Air Force Base, AL: Air University Library, Document No. M-U 43947 にまとめられている。

よくあるミーティング

　ウォーターフォールモデルでは、このような問題に対応する方法を提供している。これがどれだけ魅力的で、どれだけ効果がないかを理解してもらうために、**よくあるミーティング**に案内することにしよう。

　今日は5月1日。我々は偉い人から会議室に呼び出された。

「新しいプロジェクトを開始します。11月頭までに終わらせる必要があります。まだ要求はそろっていませんが、あと数週間ほどで届けられると思います。それで、分析にはどれくらいかかりますか？」と、偉い人が言った。

　我々は横目でお互いに顔を見合わせた。誰も話そうとしない。どうやって答えればいいんだ？

　ひとりが小声で言った。

「……そもそも、まだ要求がないんですよね」

「要求はすでにある、そう考えてみてください！　やり方はわかりますよね。みなさんはプロなんですから。正確な日付を必要としているわけではありません。スケジュールを立てる必要があるので聞いているのです。2か月以上かかりそうなら、このプロジェクトを開始するのはやめましょう」

　誰かの口から「2か月？」という言葉が聞こえた。

　偉い人はそれを肯定的にとらえたようだ。

「よかった！　私も2か月だと思っていました。それでは、設計にはどれくらいかかりますか？」

　再び静寂に包まれた。あなたは頭で計算をする。11月までに6か月ある。結論は明らかだ。あなたは「2か月？」と答えた。

　偉い人が笑顔になった。

「ですよね！　私が思っていたとおりです。ということは、実装には2か月残されていますね。ミーティングに参加してくれてみなさんありがとう」

　読者の多くは、こうしたミーティングに参加したことがあるだろう。まだ参加したことがなければ、単なるラッキーだと思ってほしい。

分析フェーズ

　会議室を出た我々はオフィスに戻った。これから何をするのか？　「分析フェーズ」だ。分析をしなければいけない。だが、**分析**とは何だろうか？

　ソフトウェアの分析に関する書籍を読むと、著者の数だけ「分析」の定義があることがわかる。何らかの合意があるわけではない。要求のWBS（作業分解構成図）作成を意味することも

ある。要求の発見や推敲を意味することもある。基盤となるデータモデルやオブジェクトモデルの作成を意味することもある。分析を定義するとしたら「分析者がやるべきこと」になるだろう。

　もちろん必ずやるべきこともある。プロジェクトの規模を見積もり、基本的な実現可能性と人的資源の予測を立てる必要がある。スケジュールに無理がないことを確認する必要がある。ビジネス側は最低でもそうしたことを我々に期待している。「分析」がどのようなものであっても、我々はこれから 2 か月でやることになるだろう。

　これはプロジェクトのハネムーン期間である。楽しくウェブを閲覧して、少しばかりデイトレーディングしながら、顧客やユーザーと打ち合わせをして、かっちょいい図を描く。どれもすばらしい時間だ。

　そして、7 月 1 日に奇跡が起きる。分析の完了だ。

　なぜ分析が完了したのか？　それは 7 月 1 日だからだ。スケジュールでは、この日に分析が完了する予定になっている。だから、7 月 1 日に分析が完了した。遅れるはずがないだろう？

　フェーズゲートを通過したので、ささやかな打ち上げを開いた。これから「設計フェーズ」に入っていこう。

設計フェーズ

　次は何をするのだろうか？　もちろん設計だ。だが、**設計**とは何だろうか？

　ソフトウェアの設計について少し詳しく説明しておこう。ソフトウェアの設計では、プロジェクトを複数のモジュールに分割し、モジュール間のインターフェイスを設計する。また、必要なチーム数とチーム間の関係をどうするかも検討する。一般的には、現実的に達成可能な実装計画を立てるために、スケジュールを調整することになるだろう。

　このフェーズではもちろん予期せぬ事態が発生する。新しい機能が追加される。古い機能が削除または変更される。このような変更については、分析をやり直したくなるはずだ。だが、時間は限られている。したがって、設計でうまくハックすることになる。

　すると、また奇跡が起きる。9 月 1 日に設計が完了するのだ。なぜ設計が完了したのか？それは 9 月 1 日だからだ。スケジュールでは、この日に設計が完了する予定になっている。遅れるはずがないだろう？

　フェーズゲートを通過したので、もう一度ささやかな打ち上げを開いた。これから「実装フェーズ」に入っていこう。

　これまでと同じことをもう一度繰り返せばいい。これまでと同じことを繰り返せば、実装も完了すると**言える**だろう。だが、実装は言うだけではダメだ。実装は**実際に完了させる必要が**ある。分析や設計は**成果がバイナリ（二者択一）ではない**。つまり、明確な完了基準がない。

完了したかどうかを確認する手段はない。したがって、予定どおりに完了できる。

実装フェーズ

だが、実装には明確な完了基準がある。完了したふりはできない[22]。
「実装フェーズ」でやるべきことは明確である。コーディングだ。プロジェクトはすでに4か月も過ぎている。叫び声を上げるバンシー[23]のように、頑張ってコーディングしたほうがいいだろう。

その間にも要求は変わっていく。新しい機能が追加される。古い機能が削除または変更される。このような変更については、分析や設計をやり直したくなるはずだ。だが、あと数週間しか残されていない。したがって、実装でうまくハックすることになる。ハックするしかない。

コードを見てから、設計と比較すると、設計のときに何か特別なものでも吸ってたんじゃないかと思えてくる。設計のときに描いたかっちょいい図からこのコードが生まれたとは考えられない。だが、考えている暇はない。納期は迫っているし、残業時間も増えているからだ。

そして、10月15日あたりで誰かが言うだろう。「今日は何日だっけ？　納期はいつだっけ？」このときに、あと2週間しか残っておらず、11月1日までに完了できないことに気づく。それと同時に、プロジェクトに少しばかり問題があることをステークホルダーにはじめて伝える瞬間になる。

ステークホルダーの言い分は想像できるだろう。
「分析フェーズでは問題があるって言ってませんでしたよね？　プロジェクトの規模を見積もり、スケジュールの実現可能性を確認してましたよね？　設計フェーズのときにも言ってませんでしたよね？　複数のモジュールに分割して、各モジュールをチームに割り当て、人的資源の予測も立てたんじゃないんですか？　どうして納期の2週間前にそんなことを言うんですか？」
ステークホルダーの言い分は正しい。

デスマーチのフェーズ

さあ「デスマーチ」のフェーズに突入だ。顧客は怒っている。ステークホルダーも怒っている。プレッシャーが高まる。残業は急増する。退職者は続出する。もはや地獄だ。

3月のある日、顧客が望んでいた機能の半分を提供した。誰もが冷静さを失っていた。誰もがやる気を失っていた。こんなプロジェクトなど**二度と**やるかと誓った。次こそは正しくやろう！　もっと分析して、もっと設計しよう。

22　healthcare.gov の開発者は試みていたようだ。
23　訳注：Wikipedia によれば、アイルランドおよびスコットランドに伝わる女妖精。人の死を叫び声で予告する。

　私はこれを「暴走プロセスのインフレ」と呼んでいる。うまくいかなかったことをやめずに、もっとやろうとしているからだ。

誇張じゃないの？

　この物語は誇張しすぎているかもしれない。ソフトウェアプロジェクトで発生するあらゆる悪いことをまとめているからだ。ほとんどのウォーターフォールプロジェクトでは、これほどまでに見事に失敗することはなかった。運がよければ、わずかに成功するものもあった。だが、私はこうしたミーティングに何度も参加してきた。このようなプロジェクトを何度も経験してきた。私だけではないはずだ。この物語は誇張かもしれない。だが、本当の話である。

　上記のような悲惨なウォーターフォールプロジェクトがどれくらいあったかと聞かれたら、私は「比較的少なかった」と答えるだろう。だが、ゼロではない。そして、それは多すぎるのだ。大多数の人たちが同様の問題から（程度の差こそあれ）何らかの被害を受けていたのである。

　ウォーターフォールだから惨事になったわけではない。すべてのソフトウェアプロジェクトを破滅させたわけでもない。だが、ウォーターフォールはソフトウェアプロジェクトに大きな被害をもたらすやり方であり、それは今もなお続いている。

よりよい方法

　ウォーターフォールが重要なのは、非常にわかりやすいところだ。最初に問題を分析して、問題のソリューションを設計してから、設計を実装する。

　シンプル。直接的。明確。そして、間違っている。

　プロジェクトに対するアジャイルのアプローチは、これまで読んできたものとはまったく違う。だが、同じくらいわかりやすい。これから説明を読めば、ウォーターフォールの3つのフェーズよりもわかりやすいと思えるだろう。

　アジャイルプロジェクトは分析から始まる。だが、分析に終わりはない。**図1-4**はプロジェクトの全体像を示している。右端が11月1日だ。覚えているだろうか。最初に知るべきは納期である。これを**イテレーション**や**スプリント**[24]と呼ばれる定期的な期間に分割していく。

　イテレーションの期間は、通常は1〜2週間である。私は1週間が好きだ。2週間だとうまくいかないことが多いからだ。だが、1週間では十分な作業ができないため、2週間を好む者もいる。

---

24 「スプリント」はスクラムの用語である。急かされている感じがするので、私はあまり好きではない。ソフトウェアプロジェクトはマラソンである。マラソンでスプリント（全力疾走）はしたくない。

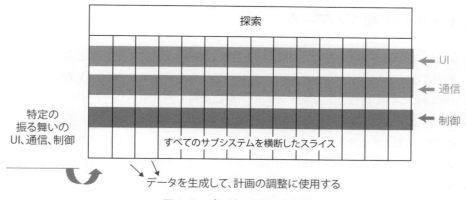

図1-4　プロジェクトの全体像

イテレーションゼロ

　最初のイテレーションは**イテレーションゼロ**とも呼ばれる。イテレーションゼロでは、**ストー**
リーで構成された短い機能リストを作成する。ストーリーについては、後の章で詳しく説明し
よう。とりあえずここでは、開発する機能のことだと考えてもらいたい。また、イテレーショ
ンゼロでは、開発環境の設定、ストーリーの見積り、初期計画の策定などを行う。この計画は、
ストーリーを最初の数回のイテレーションに暫定的に割り当てたものである。最後に、こうし
た暫定的なストーリーのリストから、開発者とアーキテクトがシステムの最初の暫定的な設計
を作る。

　以上のような、ストーリーを作成し、見積もり、計画し、設計するプロセスは、**停止するこ**
とがない。なぜならプロジェクト全体にかかる**探索**という部分があるからだ。プロジェクトの
すべてのイテレーションには、最初から最後まで、分析・設計・実装が含まれている。つまり、
アジャイルプロジェクトでは、**常に**分析と設計を続けていくのである。

　これを見て「アジャイルはミニウォーターフォールだ」と解釈する人もいる。だが、**それは**
違う。イテレーションは3つのフェーズに分割されているわけではない。イテレーションの最
初に分析が完了するわけではない。イテレーションの最後に実装が完了するわけではない。イ
テレーションのなかで、要求分析、アーキテクチャ、設計、実装を継続的に実行していくので
ある。

　よくわからなくても心配はいらない。詳しいことは以降の章で説明する。ただし、イテレー
ションがアジャイルプロジェクトの最小単位ではないことは覚えておいてほしい。さらに多く
のレベルが存在している。分析・設計・実装は、さまざまなレベルで行われる。親亀の背中に
子亀を乗せて、子亀の背中に孫亀乗せて、どこまでも亀は続いていくのである。

アジャイルが生成するデータ

　イテレーション1は、完成できるストーリーの数を見積もるところから始まる。それが終わったら、チームはイテレーションの期間内にストーリーを完成できるように作業する。イテレーションの中身については後ほど説明するので、今は計画したストーリーがすべて完成する可能性を考えてみよう。

　その可能性はほぼゼロである。ソフトウェアを確実に見積もることはできないからだ。我々プログラマーは、作業にかかる時間を把握できない。それは、我々が無能だとか怠惰だとか、そういうことではない。実際に作業に取り掛かり、それが終わるまで、どれだけ複雑になるかを知る方法がないからだ。だが、あとで説明するが、他に手段がないわけではない。

　イテレーションが終わると、計画していたストーリーの一部が完成する。イテレーションで完成できるストーリーがここではじめて計測できる。これは**実際のデータ**だ。すべてのイテレーションが似ているとすると、このデータをもとに計画を調整することで、新しい終了日を算出できるはずである（**図 1-5**）。

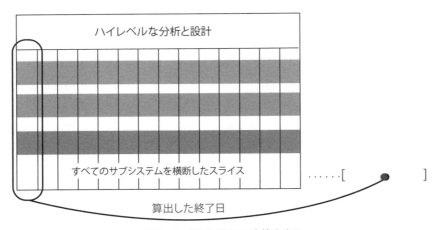

図 1-5　新しい終了日を算出する

　算出した終了日を見るとがっかりするだろう。だが、重大な要因が発生すれば、元の終了日を確実に超えてしまう。新しい終了日は**実際のデータ**にもとづいているため、無視するべきではない。とはいえ、単一のデータポイントなので、あまり真剣に受け止めることもできない。予測の誤差範囲はとても広い。

　誤差範囲を狭めるには、2〜3回ほどイテレーションが必要になる。そうすれば、イテレーションで完成できるストーリーの数値データを取得できる。この数値はイテレーションによって異

なるが、平均値は**比較的**安定している。4〜5回ほどイテレーションが終了すると、プロジェクトの終了日を予測しやすくなる（**図1-6**）。

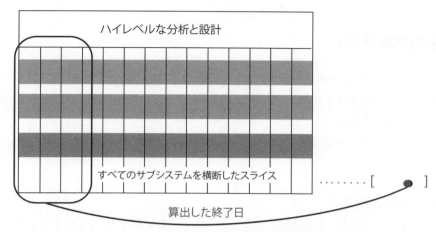

図1-6　イテレーションの回数が多いほど終了日を予測しやすい

　このようにイテレーションを進めていくと、元の終了日には希望がなかったことが判明するまで、誤差範囲が狭まるはずだ。

希望とマネジメント

　この希望の喪失がアジャイルのゴールだ。希望がプロジェクトを殺す前に、アジャイルで希望を破壊するのである。

　希望はプロジェクトキラーだ。希望を持つとソフトウェアチームがマネージャーに進捗を誤解させてしまう。マネージャーがチームに「進捗どうですか？」と聞くと、希望があるので「順調です！」と答えてしまう。希望はソフトウェアプロジェクトをマネジメントするのに最悪の方法だ。アジャイルは早い段階から希望を殺し、継続的に冷たくて厳しい現実を提供する。

　アジャイルは速く進むことだと思っている人もいる。だが、そうではない。これまでそうだったこともない。アジャイルとは、どれだけうまくいっていないかをできるだけ早く知ることだ。できるだけ早く知りたいのは、そうすれば状況を**マネジメント**できるからだ。**これが**マネージャーのやることだ。マネージャーはデータを収集し、そのデータをもとに最善の意思決定をすることで、ソフトウェアプロジェクトを**マネジメント**する。**アジャイルはデータを生成する**。アジャイルは大量のデータを生成する。マネージャーはそれらのデータを使用して、プロジェクトの成果を可能な限り最高にする。

　可能な限り最高の成果は、最初に望んでいた成果になるとは限らない。可能な限り最高の成果は、プロジェクトを委託したステークホルダーを落胆させることもある。だが、可能な限り最高の成果は、その名が示すとおり、ステークホルダーが手にする可能な限り最高の成果である。

▍鉄十字のマネジメント

　プロジェクトマネジメントの**鉄十字**に戻ろう。「品質」「速度」「費用」「完成」だ。マネージャーは、プロジェクトから生成されたデータをもとに、どれだけの品質、速度、費用、完成度のプロジェクトにするかを決める。

　そのためにマネージャーは「スケジュール」「スタッフ」「クオリティ」「スコープ」を調整する。

スケジュールを延期する

　まずは、スケジュールから始めよう。ステークホルダーに納期を 11 月 1 日から 3 月 1 日に延期できないかと聞いてみよう。おそらくダメと言われるだろう。この日付はビジネス上の正当な理由から選ばれたものだった。ビジネス上の理由は高い確率で変更できない。したがって、納期の延期はビジネスが何らかの大きな打撃を受けることを意味する。

　ただし、便宜的に日付を選んでいるだけのこともある。たとえば、プロジェクトの成果を発表する展示会が 11 月にあるとしよう。3 月にも同じような展示会があり、今ならまだ間に合いそうだ。このプロジェクトが開始してから、まだ数イテレーションしか終わっていない。この場合、11 月の展示会のブースを**予約する**前に、納期を 3 月にすることをステークホルダーに伝えたい。

　何年も前のこと、私は電話会社のプロジェクトの開発者グループをマネジメントしていたことがある。プロジェクトの途中で、納期が半年も超えてしまうことが判明した。我々はすぐにそのことを経営幹部に伝えた。スケジュールが遅れることをこんなにも早くチームから伝えられたことはなかったそうだ。経営幹部たちは立ち上がり、スタンディングオベーションをしてくれた。

　あなたも同じような結果になるとは限らないが、少なくとも我々の場合はそうだった。一度だけだが。

スタッフを増やす

　一般的にスケジュールは変更されない。日付はビジネス上の正当な理由から選ばれており、その理由が変わることはない。それでは、スタッフ（要員）を追加しよう。人数が 2 倍になれば、2 倍の速度で進むことを誰もが知っている。

　だが、実際はその逆になる。「遅れているソフトウェアプロジェクトへの要員追加は、プロジェクトをさらに遅らせる」と、ブルックスの法則[25]が指摘している。

　実際には**図1-7**のようになる。チームが一定の生産性で一緒に仕事をしているとしよう。そこにスタッフが追加されるとする。新しいメンバーは未熟であり、既存のメンバーの活力を奪うため、数週間は生産性が落ちるはずだ。そこからうまくいけば、新しいメンバーは賢くなり、貢献するようになるだろう。マネージャーの賭けは、図の曲線の下の部分が正味でプラスなるかどうかだ。初期の損失を補うには、十分な時間と改善が必要になる。

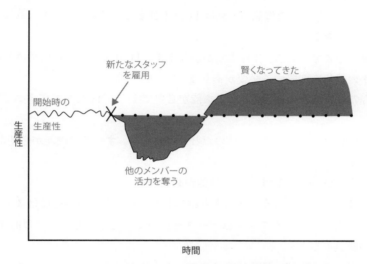

図1-7　チームにメンバーを追加したときの実際の影響

　スタッフを追加するには、当然ながら費用がかかる。新たな人材を雇用する予算がないことがほとんどだろう。したがって、スタッフは増やせないとしよう。次に変更できるのは、クオリティだ。

クオリティを下げる

　がらくたを作っていいのなら、格段に速度が上がることを誰もが知っている。テストを書くのをやめよう。コードレビューもやめよう。リファクタリングなんてくだらないからやめてしまおう。無心になってコードを書こう。とにかくコードを書くんだ。週に80時間は書こう。いいからコードを書け！

　これから私が何と言うかわかっているはずだ。がらくたを作っても**速くはならない**。逆に遅

25　Brooks, Jr., F. P. 1995 [1975]. *The Mythical Man-Month*. Reading, MA: Addison-Wesley.（邦訳：『人月の神話』丸善出版）および https://en.wikipedia.org/wiki/Brooks%27s_law

くなってしまう。プログラマーを 20〜30 年続けた教訓が、**まさに**これだ。速くて汚いものなどない。汚いものはすべて遅いのだ。

　速く進む唯一の方法は、うまく進むことである。

　したがって、クオリティは最大にしよう。スケジュールを短縮したければ、クオリティを上げるしかない。

スコープを変える

　調整できるものが最後のひとつになった。

　もしかすると、計画していた機能の一部は 11 月 1 日までに必要ないかもしれない。ステークホルダーに確認してみよう。

「すべての機能が必要でしたら、3 月までかかります。11 月までに絶対に必要ということでしたら、いくつかの機能を削除する必要があります」

「削除できるものはありません。すべての機能が必要です！　11 月までにすべてをそろえてください」

「えーと、まだわかってもらえていないのだと思いますが、すべての機能が必要だとすると、3 月までかかります」

「すべて必要です。11 月までにすべての機能が必要です！」

　この議論はしばらく続くだろう。どちらも譲歩しないからだ。道義的にはステークホルダーのほうが正しい。だが、プログラマーはデータを持っている。そして、合理的な組織ならば、データのほうが勝つだろう。

　この組織が合理的であれば、最終的にはステークホルダーが折れて、計画を立て直すことになるだろう。そして、11 月までに必要のない機能を特定していくことになる。これには痛みを伴う。だが、合理的な組織に他の選択肢があるだろうか？　したがって、計画を調整し、一部の機能を延期することになる。

ビジネス価値の順番

　ステークホルダーがすでに実装された機能を見て「残念ですが、その機能は必要ありません」と言う可能性もある。

　そんな言葉はもう聞きたくない！　今度からはイテレーションを始める前に、次に実装する機能をステークホルダーに聞くことにしよう。もちろん機能には依存関係がある。だが、我々は**プログラマー**だ。依存関係には対処できる。ステークホルダーが要求する順番で、何とか機能を実装していけるだろう。

これにてアジャイルの概要は終わり

　ここまでみなさんが読んできたのは、上空2万フィート（約6キロ）から見たアジャイルだ。多くの詳細が失われている。だが、重要なところは押さえてある。アジャイルとは、プロジェクトをイテレーションに分割するプロセスだ。各イテレーションのアウトプットを計測して、スケジュールを継続的に評価する。最も価値のあるものが最初に実装されるように、ビジネス価値の順番で機能を実装していく。クオリティは可能な限り高める。スケジュールはスコープの調整によって管理する。

　これがアジャイルだ。

サークルオブライフ

　図1-8は、ロン・ジェフリーズがXPのプラクティスを描いた図だ。愛情を込めて**サークルオブライフ**と呼ばれている。

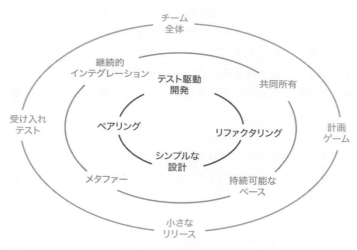

図1-8　サークルオブライフ

　本書ではXPのプラクティスを選択した。すべてのアジャイルプロセスのなかで、XPが最も適切に定義され、最も完全で、最も混乱が少ないからだ。すべてのアジャイルプロセスは、XPのサブセットまたはバリエーションと言えるだろう。他のアジャイルプロセスを無視せよと言っているのではない。それらがプロジェクトの役に立つこともあるだろう。だが、アジャ

イルを本当に理解したければ、XP を学ぶ以上の方法はない。XP は、アジャイルの本質を示した原型であり、最も典型的なものである。

　ケント・ベックは XP の父であり、ウォード・カニンガムは XP の祖父である。彼らは 80 年代に Tektronix 社で一緒に働いていた。そこで最終的に XP となるいくつものアイデアを模索していたのである。その後、ケントがこれらのアイデアを XP として具体的な形に洗練させた。1996 年頃のことである。1999 年にベックは、決定的な著書『Extreme Programming Explained: Embrace Change』（邦訳：『XP エクストリーム・プログラミング入門——ソフトウェア開発の究極の手法』ピアソンエデュケーション）を出版した[26]。

「サークルオブライフ」は 3 つのリングに分割できる。最も外側にあるのが、ビジネス向けの XP のプラクティスだ。これはスクラム[27]のプロセスに相当する。これらのプラクティスは、ソフトウェア開発チームがビジネス側とコミュニケーションするためのフレームワークと、ビジネス側と開発チームの両方がプロジェクトをマネジメントするための原則を提供している。

- **計画ゲーム**は、このリングの中心的な役割を果たす。これは、プロジェクトを機能、ストーリー、タスクに分割する方法を示している。また、これらの機能、ストーリー、タスクの見積り、優先順位付け、スケジューリングのガイダンスを提供している。
- **小さなリリース**は、小さな単位で作業するようにチームをガイドする。
- **受け入れテスト**は、機能、ストーリー、タスクの「DONE」の定義を提供する。明確な完成基準の設定方法をチームに示す。
- **チーム全体**は、ソフトウェア開発チームはさまざまな職種（プログラマー、テスター、マネージャーなど）で構成されており、共通のゴールを目指してみんなで協力するものだという考えを示している。

「サークルオブライフ」の中間のリングは、チームのプラクティスを示している。これらのプラクティスは、開発チームがチーム内やマネージャーとコミュニケーションするためのフレームワークと原則を提供する。

- **持続可能なペース**は、開発チームがリソースをすぐに消費してしまい、ゴールの手前で力尽きないようにするためのプラクティスである。
- **共同所有**は、プロジェクトにおいてチームに「知識の断絶」が起きないようにするためのプラクティスである。
- **継続的インテグレーション**は、チームが現在地を常に把握できるように、フィードバック

26　2004 年に出版された第 2 版（邦訳：『エクストリームプログラミング』オーム社）もあるが、第 1 版のほうが私の好みであり、こちらのバージョンのほうが決定版だと思う。ケントは反対するかもしれないが。

27　少なくともスクラムが考案されたときはそうだった。現在のスクラムは、XP のプラクティスの多くを吸収している。

ループを何度も閉じることにフォーカスするプラクティスである。
- **メタファー**は、チームとビジネス側がシステムについてコミュニケーションするための語彙や言語を作成し、広めるためのプラクティスである。

「サークルオブライフ」の最も内側のリングは、最高の技術品質を保証するために、プログラマーをガイドおよび強制するための技術プラクティスを示している。

- **ペアリング**は、革新性と正確性を促進するレベルで、技術チームが知識の共有、レビュー、協力ができるようになるためのプラクティスである。
- **シンプルな設計**は、チームがムダなことをしないようにガイドするためのプラクティスである。
- **リファクタリング**は、すべての作成物の継続的な改善と改良を促進する。
- **テスト駆動開発**は、技術チームが高品質を維持しながらすばやく進むための命綱である。

これらのプラクティスは、アジャイルマニフェストの目標とほぼ一致している。**少なくとも、**以下のように考えられるだろう。

- プロセスやツールよりも**個人と対話を**
  チーム全体、メタファー、共同所有、ペアリング、持続可能なペース
- 包括的なドキュメントよりも**動くソフトウェアを**
  受け入れテスト、テスト駆動開発、シンプルな設計、リファクタリング、継続的インテグレーション
- 契約交渉よりも**顧客との協調を**
  小さなリリース、計画ゲーム、受け入れテスト、メタファー
- 計画に従うことよりも**変化への対応を**
  小さなリリース、計画ゲーム、持続可能なペース、テスト駆動開発、リファクタリング、受け入れテスト

ただし、本書を読み進めていくとわかるが、サークルオブライフとアジャイルマニフェストのつながりは、上記のシンプルなモデルでは表せないほど、非常に深くて絶妙なものである。

結論

　以上がアジャイルである。アジャイルはこのようにして始まった。アジャイルとは、小さな
ソフトウェアチームが小さなプロジェクトをマネジメントするための小さな規律である。すべ
てが小さいとはいえ、大きなプロジェクトも小さなプロジェクトの集まりであり、アジャイル
の効果や影響は計り知れない。

　ソフトウェアはますます我々の生活に溶け込み、その比率も高まっている。ソフトウェアが
世界を支配していると言っても過言ではない。だが、ソフトウェアが世界を支配するにしても、
そのソフトウェアの開発を可能にするのはアジャイルである。

アジャイルにする理由 第2章

　アジャイル開発の詳細に入る前に、何が問題になっているのかを説明しておきたい。アジャイル開発が重要なのはソフトウェア開発だけに限らない。我々の産業、社会、もっといえば現代文明にとって重要なのである。

　開発者やマネージャーがアジャイル開発に惹かれる理由は、ふとしたものである。なんとなく自分たちに合っていそうに思えたからとか、アジャイル開発がうたう開発速度や品質に共感したからとか。こんな理由ではつかみどころもなくぼんやりしているので、すぐに行き詰まってしまう。これまでにアジャイル開発を諦めてしまった人はたくさんいる。アジャイル開発にすれば得られると期待していた成果をすぐには得られなかったからだ。

　このようなはかない理由では、アジャイル開発が重要であることを説明できない。アジャイル開発が重要なのは、もっと深い哲学的、倫理的な理由があるからだ。そこにはプロフェッショナリズムと顧客のまっとうな期待が関係している。

プロフェッショナリズム

そもそも私がアジャイルに引き込まれたのは、儀式よりも規律に対する強いコミットメントがあったからだ。ちゃんとアジャイルをやるには、ペアで作業し、テストを先に書き、リファクタリングをして、シンプルな設計に力を尽くさねばならない。仕事は短いサイクルで進め、そのたびに動作する成果を生み出さねばならない。ビジネス側とも定期的かつ継続的にやりとりをしていく必要がある。

サークルオブライフを見直し、ひとつひとつのプラクティスを**約束**と**コミットメント**として捉えれば、私の立場を理解できるだろう。私にとってアジャイル開発とは、自分の専門分野を高めるコミットメントである。それはつまり、プロフェッショナルになることであり、プロとしての振る舞いをソフトウェア開発業界全体に広げていくことなのだ。

我々の業界では、プロフェッショナリズムが切実に求められている。我々はとにかくよく失敗する。ひどい製品を出荷しすぎている。容認している欠陥が多すぎる。トレードオフが下手すぎる。目に余る振る舞いの多さは、まるでクレジットカードを持ち始めたティーンエイジャーのようだ。物事がずっと単純だった頃はそれでもよかった。危険にさらされるのは比較的大したものではなかったからだ。70 年代、80 年代、さらには 90 年代になっても、ソフトウェアの失敗のコストは高くなったとはいえ限定的で、許容できる程度だった。

あらゆるところにソフトウェアが

いまや状況は大きく異なる。

自分の周りを見渡してみよう。今いる場所に腰を下ろして、周囲を見てほしい。そこには何台のコンピューターがあるだろうか？

試しに私もやってみよう。私は今、ウィスコンシン州北部の森にある別荘に来ている。この部屋にコンピューターは何台あるだろうか？

- 4: 本書の原稿を執筆してる 4 コアの MacBook Pro。Apple は 8 コアだと言うが、私は「仮想」のコアは数に入れない。MacBook に搭載されている補助的なプロセッサーも数えない。
- 1: Apple Magic Mouse 2。これには複数のプロセッサーが搭載されているはずだが、ここでは 1 つとして計算する。
- 1: Duet Display 経由でサブモニターとして動作している iPad。これにも多数の小さなプロセッサーが搭載されていると思うが、1 つと数える。
- 1: 車の鍵（！）。

- 3: Apple AirPods。イヤーピースのそれぞれに 1 つずつと、ケースにも 1 つ。たぶん 3 つ以上搭載されているとは思うが……。
- 1: iPhone。はいはい、おそらく iPhone に搭載されている本当のプロセッサー数は 10 以上だろうが、1 つという扱いにする。
- 1: 超音波センサーが視界に入っている（この別荘には他にもたくさんあるが、いま見えるのは 1 つだけだ）。
- 1: サーモスタット。
- 1: 防犯パネル。
- 1: 薄型テレビ。
- 1: DVD プレーヤー。
- 1: Roku のインターネット TV ストリーミングデバイス。
- 1: Apple AirPort Express。
- 1: Apple TV。
- 5: リモコン。
- 1: 電話（そう、本物の電話だ）。
- 1: フェイク暖炉（表示モードは全種類試してみるといいぞ！）。
- 2: MEADE LX 200 EMC（旧式のコンピューター制御の望遠鏡）。1 つは本体のモータードライブに、もう 1 つはコントローラーユニットに搭載されている。
- 1: ポケットに入っている USB フラッシュメモリ。
- 1: Apple Pencil。

　いま私のいる部屋には少なくとも 30 個はコンピューターがある。ほとんどのデバイスには複数のプロセッサーが搭載されているので、本当の数はその倍ぐらいだろうか。ここではひとまず 30 個としておこう。

　あなたの周りにはいくつあっただろうか？　30 個近くはあったんじゃないだろうか。西洋社会には 13 億の人々がいるが、そのほとんどが常に 10 台以上のコンピューターに囲まれて暮らしているはずだ。これはかつてない状況だ。90 年代初頭なら、その数の平均はゼロに近かったことだろう。

　人々を取り囲むコンピューターすべてに共通する点は何だろうか？　どれもプログラムされなければならない。コンピューターにはソフトウェアが必要であり、そのソフトウェアは人間によって書かれている。では、そのソフトウェアの品質はどうなっているだろうか？

　別の角度から考えてみよう。あなたのおばあさんは一日にどれぐらいソフトウェアシステムとやりとするだろうか？　その方がお元気なら、おそらく一日あたり数千回になるだろう。なぜなら現代社会では、ソフトウェアシステムを使わずには何もできないからだ。ソフトウェア

がなければ、たとえば以下のようなことが不可能になる。

- 電話をかける
- あらゆるものの売買
- 電子レンジや冷蔵庫を使う（いまどきはトースターもそうかも）
- 衣類の洗濯や乾燥
- 皿洗い
- 音楽を聴く
- 自動車の運転
- 保険金の請求
- 室温の調整
- テレビを観る

　実際はこれよりもずっとひどい。現代社会では、ソフトウェアシステムを使わずに、実質的に意味のあることは何もできなくなっている。法案の可決・制定・施行はどれも不可能だ。政府の政策議論も無理だろう。航空機は飛ばせない。自動車だって運転できない。ミサイルの発射や船舶の運航もできなくなる。道路の舗装、食料の収穫、鉄の精錬もできない。自動車工場は製造不能になり、製菓工場のキャンディーの生産は止まる。株式の取引もダメ……。

　社会はもはやソフトウェアなくしては何もできなくなっている。ありとあらゆる物事がソフトウェアに支配されているのだ。睡眠ですら我々はソフトウェアに監視させている。

┃我々が世界を支配する

　現代社会は隅々まで完全にソフトウェアに依存するようになっている。ソフトウェアは社会という生命を動かす血液なのだ。ソフトウェアなしに現在我々が享受している文明の恩恵を維持することはできない。

　そのソフトウェアを書いているのは誰だろうか。あなたであり私である。我々、プログラマーが、世界を支配しているのだ。

　プログラマーではない人々のなかには、自分たちが世界を支配していると考える者もいる。だが、彼らは作ったルールをプログラマーに渡すだけだ。現代生活のあらゆる場面を実質的に制御しているマシンで動作するように、実際のルールを書いているのは**我々**なのである。

　我々、プログラマーが、世界を支配しているのだ。

　そして、その世界の支配者の仕事は、なかなかお粗末なことになっている。

　こうしたソフトウェア、万物を動かすソフトウェアのなかで、きちんとテストされているも

のはどれだけあるだろうか？　自分たちの書いたソフトウェアがきちんと動作することを確実に**立証できる**テストスイートがあると言えるプログラマーはどれだけいるだろうか？

　あなたの車で動いている 1 億行のコードはきちんと動いているだろうか？　バグを見つけたことはないだろうか？（私はある。）ブレーキ、アクセル、ステアリングを制御するコードは大丈夫だろうか？　そこにバグはないだろうか？　ブレーキペダルを踏んだらちゃんと車が止まる、ということを確実に**立証できる**テストスイートはあるだろうか？　それはすぐに実行できるだろうか？

　自動車のソフトウェアがブレーキペダルを踏んだ圧力の検出に失敗したせいで、これまでに何人が殺されてしまっただろうか？　確かな人数はわからないが、その答えは**たくさん**だ。2013 年に起きた事例では、トヨタが数百万ドルの賠償金を支払っている。その理由は「スパゲッティコード」なソフトウェアに「ビット反転の懸念、フェイルセーフを無効にしかねないタスクの異常終了、メモリの破損、複数箇所の単一障害点、スタックやバッファのオーバーフローの不十分な対策、単一の障害隔離領域、数千ものグローバル変数」がすべて含まれていたからだ[1]。

　我々の書いたソフトウェアが人を殺しているのだ。あなたも私も、人を殺すためにこの仕事を選んだわけではないだろう。プログラマーになったきっかけなんて、子どもの頃に書いた無限ループのプログラムが画面に自分の名前を延々と表示するのを見て「超クール」と思ったからだったりするのに。それが今では、我々の行いが人々の生命や財産を脅かすのだ。しかも日を追うごとに、より多くのコードが、より多くの生命や財産を危険にさらすようになっている。

大惨事

　あなたが本書を読んでいる現時点ではまだ発生していなくても、いつか必ず、残念なプログラマーが馬鹿なことをしでかして、ちょっとした不注意で 1 万人の生命を奪うような事態がやってくる。ちょっと考えてみてほしい。いくつものシナリオが想像するに難くない。もしそのような事態になったら、世の政治家たちは正義の怒りとともに立ち上がり（そうすべきではあるが）、公然と我々のことを非難するだろう。

　とはいえ、そうなった場合に非難の矛先は、我々の上司、あるいは経営者に向くと思うかもしれない。ところが、実際にそうなったときに何が起きただろうか。北米フォルクスワーゲンの CEO が矢面に立つことになり、議会で証言することになった。政治家たちは、カリフォルニア州で採用されている排ガス試験用ハードウェアを検出して意図的に無効にするソフトウェアを、なぜフォルクスワーゲンは自社製品に搭載したのかと尋ねた。CEO の答えはこうだ。「私

1　「Safety Research & Strategies Inc.」による 2013 年 11 月 7 日のブログ記事「Toyota Unintended Acceleration and the Big Bowl of "Spaghetti"」より。http://www.safetyresearch.net/blog/articles/toyota-unintended-acceleration-and-big-bowl-%E2%80%9Cspaghetti%E2%80%9D-code で閲覧。

個人の観点から、現時点で知りうる限りの情報にもとづいて申し上げますと、これは企業としての決定ではありませんでした。何らかの事由により、数名のソフトウェアエンジニアが行ったものです[2]」。

結局、非難の矛先は我々に向けられることになるだろう。実際、そのとおりなのだ。こうした惨事は、キーボードを打つ指、ほころびた規律、我々の不注意が根本原因となって引き起こされるのである。

私がアジャイルに大きな期待を寄せたのは、こうしたことを念頭に置いていたからだ。当時も今と同じように、アジャイルソフトウェア開発の規律により、コンピュータープログラミングが本物の名誉ある職業へと変わる第一歩となることを期待している。

まっとうな期待

マネージャー、ユーザー、顧客は、我々に対してまっとうな期待を抱いている。これからその例を挙げよう。このように言われたときの自分の反応に注意してほしい。脳の片側では確かにそうだと納得しているが、脳の反対側にあるプログラマー脳は恐怖をおぼえるだろう。あなたのプログラマー脳は、こうした期待に応える手段を想像できないのかもしれない。

こうした期待に応えることが、アジャイル開発の主要な目的のひとつだ。アジャイルの原則とプラクティスは、こうした期待に直接対応するものである。これから説明するのは、優れた最高技術責任者（CTO）が部下に期待する振る舞いだ。それをわかってもらうために、ここでは私をあなたの CTO だと思ってほしい。これから、私が期待していることを述べる。

ゴミをリリースするわけにはいかん！

このような期待に言及しなければいけないというのが我々の業界の不幸な一面だが、事実なのだから仕方がない。それに、親愛なる読者諸君、私にはわかっている。一度や二度どころか、何度もこの期待を反故にしてしまった経験があるだろう。少なくとも私にはある。

これがどれほど深刻な問題かを理解するには、ロサンゼルスの航空管制ネットワークで発生した障害を考えるとよい。それは、32 ビットで表現していた時刻がおかしくなったことが原因だった。ボーイング 787 に搭載されているすべての発電機が停止したのも同じ原因だった。ボーイング 737 Max の操縦特性向上システムのソフトウェアが原因で、何百人もの命が奪われたことでもいい。

---

2 「The Verge」による 2015 年 10 月 5 日の記事「Volkswagen America's CEO blames software engineers for emissions cheating scandal」より。https://www.theverge.com/2015/10/8/9481651/volkswagen-congressional-hearing-diesel-scandal-fault で閲覧。

私個人の経験でよければ、初期の healthcare.gov を使ったときの話はどうだろうか？　初回のログイン時に「秘密の質問」の設定が求められた。今どきのシステムならめずらしくはない。そのひとつに「思い出深い日付」というものがあったので、私は 7/21/73 と入力した。結婚記念日だ。ところが、システムからは**無効な入力です**と返ってきた。

私はプログラマーだ。プログラマーの考え方はわかる。だから、さまざまな日付の書式を試した。07/21/1973、07-21-1973、21 July, 1973、07211973 などなど。結果はいずれも同じだった。**無効な入力です**。さすがにいらついた。どんな日付フォーマットで入力してほしいんだ？

そして、ふと気づいた。これを担当したプログラマーは、どのような「秘密の質問」が設定されるのかは知らなかったのだ。担当者は単にデータベースに保存されている質問を読み出して、それに対してユーザーが入力した回答を保存するようにしただけなのだろう。おそらくそのプログラマーは、ユーザーの入力した回答に特殊文字や数字が含まれないようにしたのだ。そこで、私はこう入力した。**結婚記念日**。これでうまくいった。

期待される書式でデータを入力するために、ユーザーがプログラマーのように考えなきゃいけないとしたら、それがどんなシステムであれ、ゴミだと言っていいと思う。

ゴミのようなソフトウェアの逸話ならいくらでも書けるが、その道には私よりもずっと優れた人たちがいる。このテーマに興味がわいたなら、ゴイコ・アジッチの『Humans vs. Computers』[3]やマット・パーカーの『Humble PI』[4]を読むといい。

マネージャー、顧客、ユーザーは、品質が高く、欠陥が少ないシステムを提供してほしいという、まっとうな期待を抱いている。誰だってまさかゴミを渡されるとは期待していない。それなりの金額を払っているならなおさらだ。

アジャイルが強調するテスティング、リファクタリング、シンプルな設計、顧客からのフィードバックは、どれもゴミのようなコードをリリースしないための明確な対処法である。そのことを忘れないでほしい。

いつでも技術的な準備を整えておく

顧客やマネージャーが一番「起きてほしくない」と期待しているのは、我々プログラマーによってシステムのリリースが人為的に遅延してしまうことだ。だが、人為的な遅延はソフトウェアチームではめずらしくない。よくある原因は、最も重要な機能から構築するのではなく、すべての機能の構築を同時に進めてしまうことにある。その結果、機能が途中までしか完成していなかったり、テストが半分残っていたり、ドキュメンテーションが中途半端だったりして、

3　Adzic, G. 2017. *Humans vs. Computers*. London: Neuri Consulting LLP. http://humansvscomputers.com で閲覧。

4　Parker, M. 2019. *Humble Pi: A Comedy of Maths Errors*. London: Penguin Random House UK. https://mathsgear.co.uk/products/humble-pi-a-comedy-of-maths-errors で閲覧。

いつまで経ってもシステムをデプロイできなくなるのだ。

　人為的な遅延の原因は他にもある。「安定化」という考え方だ。チームはテスト期間を確保して、その期間中にシステムに障害が起きないことを確かめようとする。事前に定めておいた日数を経過しても障害が起きなければ、開発者は安心してシステムをデプロイできる。

　アジャイルでは、単純なルールでこれを解決する。各イテレーションの終了時点でシステムが**技術的には**デプロイ可能な状態でなければならない、というルールだ。「技術的にはデプロイ可能な状態」とは、開発者として見たときに、システムがいつデプロイされても問題ない程度に整っているということだ。この状態のコードはクリーンで、テストもすべてパスしている。

　そのためには、イテレーションで完了させる作業には「すべて」を含める必要がある。コーディングのすべて、テスティングのすべて、ドキュメンテーションのすべて、イテレーション中に実装されたストーリーの安定化のすべてだ。

　各イテレーションの終了時点でシステムが**技術的には**デプロイ可能な状態になっていれば、デプロイするかどうかは**ビジネス判断**となり、技術的な判断ではなくなる。ビジネス側で「機能がまだ十分にそろっていない」と判断するかもしれないし、市場やトレーニングの状況を踏まえて、デプロイを遅らせるかもしれない。どういう判断を下すにしても、システムの品質はデプロイ可能であるという**技術的な**基準を満たしているのだ。

「技術的にはデプロイ可能」という状態を毎週や隔週という頻度で達成できるのだろうか？もちろんだ。イテレーションが終了するまでにデプロイに必要なすべてのタスクを完了できるように、ストーリーの量をチームで調整すればいい。テストも大部分を自動化しておいたほうがいいだろう。

　技術的にはデプロイ可能な状態を保ち続けるというのは、ビジネス側や顧客の立場から素朴に期待されることである。ビジネス側の観点から機能が動作しているように見えれば、それはすでに完成していることを期待するだろう。そこから安定化のために、QA 作業で 1 か月待たされることは期待していない。あるいは、実はその機能が動作しているのは特定の部分だけで、デモをしたプログラマーが動かない部分をすべて迂回していることは期待していない。

安定した生産性

　新規開発プロジェクトの場合、最初の数か月ならプログラミングチームは非常に速く進んでいく。足手まといになるような既存のコードベースがないため、短い期間でたくさんのコードを書けるからだ。

　時が経つにつれ、残念なことに、コードベースは雑然としていく。コードをクリーンで整理された状態に保てなければ、チームの進捗を遅らせる圧力になっていく。コードベースが雑然としていけばいくほど、その圧力は高まり、チームの進捗は遅くなる。チームの進捗が遅くな

ると、スケジュール圧力が高まる。スケジュール圧力が高まると、コードがどんどん雑然としていく。この正のフィードバックによって、チームはほとんど身動きが取れなくなってしまう。

マネージャーがチームの速度低下に困惑すると、生産性を向上させるために人員の追加投入を決断するかもしれない。ところが、第1章で見たように、人員を追加すると数週間にわたるチームの速度低下を招くのだ。

ここでの希望は、その数週間が過ぎれば、新規加入したメンバーの仕事の速度が上がり、チームのベロシティの向上に貢献してくれることだ。しかし、その新メンバーのトレーニングは誰が担当するのだろうか？　これまでコードベースを雑然とさせてきた人たちだ。新メンバーはすでに確立されているチームでの振る舞いに従うことになる。

さらにまずいのが、既存コードが強力な手本になることだ。新メンバーは現状のコードを見て、チームの仕事を推測する。そして、雑然とさせることに加担し、それを続けていくことになる。結果、メンバーは増えたにもかかわらず、生産性は下がり続ける。

マネージャーたちはこれを何度か繰り返すかもしれない。なぜなら、同じことを繰り返して異なる結果を期待することを「正常なマネジメント」の定義にしている組織があるからだ。だが、やがて真実が明らかになる。マネージャーが何をしようとも、チームが急速に動けなくなっていくことは止められない。

絶望したマネージャーは開発者にこう尋ねる。「生産性を向上させるために何ができるのか」と。開発者はすでに答えを知っている。何をすべきなのかは少し前からわかっている。ただ、聞かれるのを待っていたのだ。

開発者は「システムをゼロから再設計するんです」と答える。

このときのマネージャーの恐怖を想像してほしい。このシステムにどれだけの金額と時間が投資されたことだろう。それが今、目の前の開発者はすべてを捨てて、最初からやり直すことを提案している！

マネージャーは開発者の言うことを信じられるだろうか？　「次はうまくやります」もちろん無理だ。これを信じるにはバカになる必要がある。だが、他に選択肢はあるのか？　生産性は地に落ち、これではビジネスを継続できない。歯ぎしりしながら、マネージャーは再設計に同意する。

これに開発者は大喜びする。「ハレルヤ！　これで暮らしがまともで、コードがクリーンだった頃に戻れるぞ！」もちろん、そんなことにはならない。実際に起きることは、チームの分割だ。上から10人（最初にコードを雑然とさせた人たち）が「タイガーチーム」として編成され、別の部屋に移される。再設計されたシステムという約束の地へと彼らが我々を導いてくれるのだ。だが、残された我々は彼らを憎む。我々の仕事がゴミの保守になるからだ。

タイガーチームはどこから要件を収集するのだろうか？　最新の要件定義ドキュメントがあるのだろうか？　ある。既存コードだ。既存コードだけが、再設計されるシステムのあるべき

振る舞いを精密に記したドキュメントなのだ。

　タイガーチームは、既存コードに目を通し、これが何を意味するのか、新しい設計ではどうあるべきかを考える。その間、残された我々は、既存コードに手を加え、バグを直して新機能を追加する。

　こうなると競走だ。タイガーチームは動く標的を打ち抜こうとしている。しかし、ゼノンがアキレスと亀の例え話で示したように、動く標的を追いかけるのは難しい。タイガーチームが旧システムのいた場所に追いつこうとすると、旧システムは既に新しい場所に移動している。

　微積分を使えばアキレスが亀に追いつくことは証明できるが、ソフトウェア開発ではそれでうまくいくとは限らない。私の過去の勤務先に、10年かけても新しいシステムをデプロイできない会社があった。顧客との取り決めでは、そのシステムは8年前にデプロイされているはずだった。しかし、新システムには、顧客の必要とする機能が十分にそろっていなかったのだ。現行システムは新システムとは違って、ちゃんと機能がそろっている。そのため、顧客は新システムの導入を拒否したのだ。

　数年後、顧客は新システムについての取り決めを無視することにした。彼らにしてみれば、新システムなんて存在していなかったし、この先も存在することはないだろう。

　その間、会社は新旧システムの2つの開発チームに給料を支払っていた。先ほどの「タイガーチーム」と「保守チーム」と同じだ。やがて経営陣はストレスに耐えきれなくなり、顧客の反対を押し切って新システムをデプロイすることにした。顧客はカンカンになったが、タイガーチームの怒りと比べれば何ということはなかった。タイガーチームといっても、その成れの果てと言うべきものであり、新システムの初期開発者は誰も在籍していなかった。全員が昇進して管理職になっていたのだ。現在のチームメンバーたちは声をそろえて「これはリリースできませんよ。ゴミですから。再設計が必要です」と言った。

　以上、ボブおじさんによるいつもの大げさなお話でした。この話は事実にもとづいているが、ウケを狙って誇張している。とはいえ、根底にあるメッセージはまったくの真実だ。大がかりな再設計は恐ろしいほど高くつくし、それがデプロイまでこぎつけられることはめったにない。

　顧客もマネージャーも、ソフトウェアチームの速度が時間とともに遅くなることは期待していない。2週間かかった機能とよく似たものを作ろうとしたときに、たとえ1年後であっても、同じく2週間かかることを期待する。つまり、顧客やマネージャーは、時間とともに生産性が安定することを期待しているのだ。

　開発者も同じ期待を持つべきだ。アーキテクチャ、設計、コードを可能な限りクリーンに保ち続けよう。そうすれば、生産性の高さを維持できる。それができなければ、生産性の低下と再設計へ向かうスパイラルに陥るだろう。

　これから示すように、アジャイルのプラクティスであるテスティング、ペアリング、リファクタリング、シンプルな設計は、このスパイラルを断ち切るのに重要な技術要素だ。それから、

計画ゲームはこのスパイラルを駆動するスケジュール圧力への対抗策となる。

安価に変更できる

「ソフトウェア」は複合語だ。「ウェア」は「製品」であり、「ソフト」は「変更しやすい」である。よって「ソフトウェア」とは「変更しやすい製品」という意味になる。ソフトウェアが発明されたのは、マシンの動作をすばやく簡単に変更する方法が求められたからである。動作の変更が難しいものが求められたのだとしたら、「ハードウェア」と命名されたはずだ。

開発者は要件の変更に不満を持つことが多い。「そんな変更をしたらアーキテクチャが完全にダメになります。」こうした発言を私もよく耳にする。あなたもそう思ったなら、ひとつよい知らせがある。要件の変更でアーキテクチャがダメになってしまうなら、そのアーキテクチャはゴミだ。

我々開発者は変更を喜ぶべきだ。そのために我々は雇われている。「要件変更」は我々のゲームの名前なのだ。我々のキャリアや給料はこうした変更によって支えられている。我々の仕事は、変更を受け入れてエンジニアリングする能力と、そうした変更を比較的安価にできるかどうかにかかっている。

あるチームのソフトウェアの変更が難しければ、そのチームは自分たちのソフトウェアの存在意義を台無しにしていることになる。顧客、ユーザー、マネージャーは、ソフトウェアが変更しやすいことを期待している。また、その変更コストは小さく、増加は線形であることを期待している。

TDD、リファクタリング、シンプルな設計といったアジャイルのプラクティスがどんなふうに連携して、ソフトウェアシステムを最小限の労力で安全に変更できるようにしているのかを説明しよう。

継続的な改善

人間は時とともに物事をよりよくしていく。画家は絵が上達するし、作曲家は曲をうまく作れるようになるし、家主は家を住みやすくできる。同じことがソフトウェアにも当てはまるはずだ。ソフトウェアシステムは古くなればなるほど、**よりよくなっていくはずである**。

ソフトウェアシステムの設計やアーキテクチャは、時とともにだんだんよくなっていくはずだ。コードの構造は改善され、システムの効率やスループットも向上していく。当たり前のことじゃないか？　何かに取り組む人間のグループには、そう期待するものではないか？

これはソフトウェア業界に対する唯一最大の非難である。我々がプロフェッショナルとして失敗していることを示す最も明確な証拠だ。我々は時の経過とともにシステムを悪化させてい

る。我々開発者は、自分たちの構築したシステムについて、時間が経てばだんだんと乱雑に散らかっていき、脆く壊れやすくなっていくと予期している。非常に無責任な態度ではないだろうか。

　継続的かつ着実な改善こそ、ユーザー、顧客、マネージャーが期待していることだ。初期に起きていた問題は次第に解消されていき、時間の経過とともにシステムがよくなることが期待されている。ペアリング、TDD、リファクタリング、シンプルな設計といったアジャイルプラクティスが、こうした期待をサポートする。

大胆不敵に力を発揮する

　なぜほとんどのソフトウェアシステムは時とともに改善しないのだろうか？　それは恐怖があるからだ。具体的には、変更に対する恐怖だ。

　古いコードを画面で見ているとしよう。最初は「これはひどい。クリーンにしたほうがいい」と考える。だが、次に思うのは「やっぱりやめておこう！」だ。触れば壊れるとわかっているし、実際に壊したら自分のせいにされる。こうして、システムを改善できるかもしれない活動（コードのクリーニング）から身を遠ざけてしまう。

　これは恐怖に対する反応だ。あなたはコードを恐れていて、その恐怖があなたを無力な振る舞いに押しやっている。もたらされる結果を恐れているために、必要なクリーニングに自分の力を発揮できない。自分の書いたコードが手の届かないところまで行くことを許してしまったがために、コードを改善することに恐怖をおぼえるのだ。これは、極めて無責任なことである。

　顧客、ユーザー、マネージャーは、開発者に「大胆不敵に力を発揮する」ことを期待している。間違っていたり、汚くなったりしているところを見つけたら、それらを修正してクリーンにしてくれることを期待している。問題を放置して悪化させていくことは期待していない。開発者がコードを完全に把握して、可能な限りクリーンでクリアな状態に保つことを期待しているのだ。

　では、どうすればこうした恐怖を取り除けるだろうか？　ここに2つのライトを制御するボタンがあるとしよう。ボタンを押すと、システムが動作していれば緑のライトが、システムが壊れていれば赤のライトが点灯する。ボタンを押した結果が数秒でわかるとしたら、どれぐらいの頻度で押すだろうか？　おそらくボタンを押す手は止まることはなく、一日中押し続けるのではないだろうか。コードに何か変更を加えるたびにこのボタンを押して、どこも壊していないことを確認するだろう。

　さて、画面で汚いコードを見ているとしよう。あなたはまず「これはクリーンにしたほうがいい」と考える。そして、クリーンにする作業を始める。小さな変更を加えるたびにボタンを押して、何も壊れていないことを確かめる。

　これで恐怖は消え去った。コードをクリーンにできる。これなら、リファクタリング、ペアリング、シンプルな設計といったアジャイルのプラクティスを使って、システムを改善していける。

　だが、どうすればこのボタンが手に入るのだろうか？　アジャイルのプラクティスでは、TDDがボタンを提供している。規律と覚悟を持ってこのプラクティスを実践すれば、このボタンが手に入る。そうなれば、大胆不敵に力を発揮することができる。

QAは何も見つけない

　QA はシステムに不具合がないことを確認する。QA はテストを実行したら、すべてが要求どおりに動作していることを開発チームに伝える。QA が問題を発見したら、開発チームは開発プロセスの何がおかしかったのかを特定し、問題を修正して、次回の QA では何も見つからないようにする。

　QA 担当者は自分たちの仕事に疑問を抱くべきだ。なぜシステムが動作することを確認するプロセスの後方に立たされているのかと。このあとで説明するように、QA が立つべき場所にはもっとよいところがあるはずだ。

　受け入れテスト、TDD、継続的インテグレーションといったアジャイルプラクティスが、こうした期待をサポートする。

テストの自動化

　図 2-1 に QA マネージャーの手が写っている。彼が手にしているのは、**手動テスト実行計画書**の**目次**だ。ここに記載された 8 万ケースの手動テストが、6 か月ごとにインドのテスター部隊によって実行される。これを実施するには 100 万ドル以上の費用がかかる。

　QA マネージャーがこれを私のところに持ってきたのは、彼が上司のところから戻ってきた直後のことだった。彼の上司はさらに上司の CFO のところから戻ってきたばかりだった。時は 2008 年、大不況が始まったばかりだ。CFO は半年ごとに 100 万ドルずつ費用を削減するという。QA マネージャーが私に相談したかったのは、テストを半分に減らすにはどうすべきかということだった。

　私は彼にこう伝えた。どんな手法でテストを半減させたとしても、残った半分でシステムの半分の動作を保証することにはならないだろう、と。

　これは手動テストの必然の帰結だ。手動テストは最終的には排除される。先ほど説明したようなことは、最初に実施される、最もわかりやすい手動テスト削減のメカニズムだ。手動テストは**高くつく**ため、いつも削減の対象になる。

図 2-1　手動テスト実行計画の目次

　手動テストが削減されるメカニズムには、もっと陰湿なものがある。QA に開発者からスケジュールどおりに作業が渡されることはほとんどない。これは、QA が必要とするテスト作業の時間が予定よりも短くなることを意味する。そうなると、QA は期日に間に合わせるために、どのテストを実行するのが最適なのかを**選択しなければならない**。その結果、実行されないテストがでてくる。そして、実行されないテストは排除される。

　それに加えて、人間は機械ではない。機械にできることを人間にやらせるのは、高くつくのに非効率だし、**道徳に反する**。わざわざ QA を雇うなら、もっとよい仕事をさせるべきだ。人間としての創意工夫と想像力を活用してもらうのだ。詳しくはあとで説明する。

　顧客やユーザーは、新しくリリースされるものは徹底的にテストされていることを期待する。資金や時間が足りないことを理由に、開発チームがテストを省略することは期待していない。自動化できそうなテストはすべて自動化しなければならない。手動テストは、自動テストでは検査できないものや、探索テスト[5]のように独創性と専門性が求められる箇所に限定すべきである。

　TDD、継続的インテグレーション、受け入れテストといったアジャイルプラクティスが、こうした期待をサポートする。

5　Agile Alliance による探索テストの解説がある。https://www.agilealliance.org/glossary/exploratory-testing で閲覧。

互いにカバーしあう

私はあなたのCTOとして、開発チームにはチームとしての振る舞いを期待する。「チームとしての振る舞い」とは何か？ 球技チームの選手が複数人で敵陣に向かってボールを進めているとしよう。そのうちの1人がつまづいて転んでしまったとする。他の選手はどうするだろうか？ 転んだチームメイトが開けてしまった穴をカバーして、**引き続きボールを敵陣へと進めていく**はずだ。

船の乗組員であれば、全員に担当する仕事がある。誰もが自分以外の誰かの仕事のやり方を知っている。同じ船に乗り込んでいるなら、すべての仕事を完了させなければならないからだ。

ソフトウェアチームでも同じだ。ボブが病気になったら、ジルが代わりにボブの担当タスクを完了させる。そのためには、ジルはボブの作業のことや、ソースファイルやスクリプトの保存場所を知っておく必要がある。

私はソフトウェアチームのメンバーには、互いにカバーしあうことを期待する。自分が倒れてしまったときに、自分の仕事をカバーしてくれるチームメイトがいることを期待する。チームメイトの誰か1人以上があなたの仕事をカバーできるようにしておくのは、**あなたの責任で**ある。

ボブがデータベース担当で、彼が病欠したとする。そのときに私は、プロジェクトの進捗が突然止まることは期待していない。チームメイトの誰かが、たとえそのメンバーが「データベース担当」ではなかったとしても、ボブの代わりを務めるのだ。私はチーム内で知識が分断されることを期待しない。知識が共有されることを期待する。もし私が、チームメンバーの半数を別の新しいプロジェクトに配置転換する必要に迫られたとしても、チームに蓄積された知識の半分が失われることは期待しない。

ペアプログラミング、チーム全体、共同所有といったアジャイルプラクティスが、こうした期待をサポートする。

誠実な見積り

私はあなたの見積りが誠実であることを期待する。最も誠実な見積りは「わからない」だろう。しかし、それでは見積りは完了していない。すべてを把握しているわけではないだろうが、わかっていることもあるはずだ。したがって、私はあなたの見積りが、わかっていることと、**わかっていないことにもとづいている**ことを期待する。

たとえば、あるタスクの具体的な所要時間はわからなくても、他のタスクとの相対的な比較はできる。**ログインページを作るのにかかる時間**そのものはわからなくても、**パスワード変更ペー**

ジが**ログインページ**の半分ぐらいだということはわかるだろう。このような相対見積りにはとても大きな価値がある。これについては、以降の章でも説明する。

　相対期間ではなく、確率の範囲を伝えてもいい。たとえば、**ログインページを完成させるには、5日間から15日間、平均で12日間かかりそうだ**、といった具合だ。こうした見積りは、わかっていることと、**わかっていないこと**を組み合わせることで、マネージャーが管理できる誠実な確率になっている。

　計画ゲームとチーム全体のアジャイルプラクティスが、こうした期待をサポートする。

「ノー」と言うべき

　問題に対する解決策を見つける努力をすることは重要だが、解決策を見つけられなかった場合、私はあなたが「ノー」と言うことを期待する。自分が雇われている理由は、コードを書く能力よりも「ノー」と言える能力のためだと自覚すべきだ。プログラマーであるあなたにしか、できるかどうかの判断はできないのだ。私はCTOとして、我々が崖っぷちに立たされているなら、あなたにはそれを知らせてくれることを期待する。どれだけ納期のプレッシャーを感じていても、どれだけ多くのマネージャーたちが結果を求めていても、答えが本当に「ノー」であるなら、「ノー」と言うことを期待する。

　チーム全体のアジャイルプラクティスが、こうした期待をサポートする。

継続的かつ積極的な学習

　私はCTOとして、あなたが学び続けることを期待する。我々の業界は変化が速い。その速度に合わせて変わっていかなければならない。だから、学んで、学んで、学ぶのだ！　勤務先が研修やカンファレンスの参加費用を払ってくれることもあるだろう。書籍やビデオ教材の購入費用を出してくれるかもしれない。もしそうでなかったとしても、勤務先の援助に頼らずに、学び続ける方法を見つけなければならない。

　チーム全体のアジャイルプラクティスが、こうした期待をサポートする。

メンタリング

　私はCTOとして、あなたが教えることを期待する。実際のところ、最もよい学習の方法は誰かに教えることだ。新メンバーがチームに加入したら、彼らに教えよう。そして、互いに教え合えるようになろう。

　繰り返しになるが、チーム全体のアジャイルプラクティスが、こうした期待をサポートする。

権利章典

　スノーバードでのミーティングでケント・ベックは、アジャイルの目標はビジネスと開発の分断を修復することであると述べた。最終的に、ケント・ベック、ウォード・カニンガム、ロン・ジェフリーズらによって、後述する「権利章典」が作成された[6]。

　これらの権利を読むときには、顧客の権利と開発者の権利は相補的関係であることに注意してほしい。手袋に手をはめたときのように、両者は一体となる。「権利章典」が2つのグループの期待に均衡をもたらすのだ。

顧客の権利

顧客には以下の権利がある。

- 顧客には、計画のどの部分に関しても、いつまでに、何が、どのくらいのコストで達成できるかを知る権利がある。
- 顧客には、全プログラミング期間を通して、最高価値を手にする権利がある。
- 顧客には、自らが書いた再現可能なテストを通すことで、システムが機能することをちゃんと証明してもらい、現行のシステムの進捗度合いを知る権利がある。
- 顧客には、考えを途中で変えて機能を差し替えたり、プライオリティを変更したりする権利がある。その際に特別に多額の出費は必要ない。
- 顧客には、スケジュールの変更があったら連絡を受ける権利がある。なお、その連絡は、最初に決めた期限を守るため、どうスコープを減らすかを決めるのに手遅れにならないよう、十分速やかに行われなければならない。そしていつでも発注を取り消し、その時点までの投資に見あう、ちゃんと機能するシステムを手にする権利がある。

開発者の権利

開発者には以下の権利がある。

- 開発者には、何が必要とされているのかを明確なプライオリティとあわせて知る権利がある。

6　訳注：『XPエクストリーム・プログラミング導入編』（ピアソン・エデュケーション）の訳文を参考にした。

- 開発者には、常に質の高い仕事をする権利がある。
- 開発者には、同僚や上司、顧客に助力を求め、それを受ける権利がある。
- 開発者には、自ら見積りを行い、またそれを更新する権利がある。
- 開発者には、責任を割り当てられるのではなく、責任を自ら引き受ける権利がある。

非常に力強い宣言だ。順番に見ていこう。

顧客

　この文脈で「顧客」という語は、一般的にビジネス側の人たちのことを指す。そこに含まれるのは、実際の顧客、マネージャー、経営陣、プロジェクトリーダーなど、納期や予算の責任を負うことになる人や、システムを投入することで利益を得るために費用を支払う人である。

顧客には、計画のどの部分に関しても、いつまでに、何が、どのくらいのコストで達成できるかを知る権利がある。

　事前に計画を立てることはアジャイル開発ではない、と主張する人が多い。冒頭に掲げられている顧客の権利は、その主張が偽りであることを示している。当然だが、ビジネスには計画が必要だ。そして、計画には納期とコストが含まれる。そうした計画には、実用に足る正確さと精度が必要である。

　直前に述べたことは我々をよくトラブルに巻き込む。正確さと精度を高めるには、実際にプロジェクトを進めるしか方法がないからだ。そうするより他に手段はない。我々開発者は、顧客のこの権利を保障するために、不確実性の度合を計画、見積り、スケジュールに適切に反映させて、その不確実性を軽減する方法を定義しなければならない。

　つまり、動かせない納期までに固定されたスコープを納品することには承諾できないのだ。スコープも納期も調整可能でなければならない。どれぐらい調整可能なのかは、確率曲線で表現する。たとえば、最初の 10 個のストーリーを特定の期日までに完了できる確率が 95% だとしよう。5 個のストーリーを追加すると、その期日までに完了する確率は 50% になる。さらに 5 個のストーリーを追加すると、完了する確率は 5% になる、といった具合だ。

　顧客にはこうした確率ベースの計画を知る権利がある。計画がなければビジネスを成立させられないからだ。

顧客には、全プログラミング期間を通して、最高価値を手にする権利がある。

　アジャイルでは、開発作業を**イテレーション**と呼ばれる固定されたタイムボックスに分割す

る。ビジネス側には、開発者が常に最も重要な仕事に取り組むことを期待する権利がある。そのため、各イテレーションで提供する**利用可能な**ビジネス価値は、可能な限り高くなる。価値の優先順位は、イテレーション開始時の計画セッションで顧客が指定する。顧客は最も投資効率が高く、開発者の見積りがイテレーションに収まるようなストーリーを選ぶ。

顧客には、自らが書いた再現可能なテストを通すことで、システムが機能することをちゃんと証明してもらい、現行のシステムの進捗度合いを知る権利がある。

これは顧客の立場からすれば、当然のことに思える。当然、顧客には進捗の変化を知る権利がある。当然、顧客には進捗の受け入れ基準を指定する権利がある。当然、顧客には受け入れ基準を満たしていることを、迅速かつ再現可能な形式で立証してもらう権利がある。

顧客には、考えを途中で変えて機能を差し替えたり、プライオリティを変更したりする権利がある。その際に特別に多額の出費は必要ない。

何といっても、これは**ソフトウェア**なのだ。ソフトウェアの本質は、マシンの動作を簡単に変更できることにある。これこそが、そもそもソフトウェアが発明された理由なのだ。だから当然、顧客には要件を変更する権利がある。

顧客には、スケジュールの変更があったら連絡を受ける権利がある。なお、その連絡は、最初に決めた期限を守るため、どうスコープを減らすかを決めるのに手遅れにならないよう、十分速やかに行われなければならない。

そしていつでも発注を取り消し、その時点までの投資に見あう、ちゃんと機能するシステムを手にする権利がある。

顧客には**スケジュールの順守を要求する権利がない**ことに注意してほしい。顧客の権利は、スコープの変更によるスケジュールの管理に限定されている。この権利のなかで最も重要なのは、スケジュールに危険が及んでいることを**知る**権利である。この権利があるおかげで、顧客はスケジュールを臨機応変に管理できる。

開発者

この文脈における「開発者」とは、コードを生み出す仕事に携わる人を指す。たとえば、プログラマー、QA、テスター、ビジネスアナリストが含まれる。

開発者には、何が必要とされているのかを明確なプライオリティとあわせて知る権利がある。

　繰り返しになるが、重要なのは**知識**である。開発者には、要件の詳細と重要度を知る権利がある。見積りと同様に、要件にも**現実的**には制約がある。つまり、必ずしも要件を完ぺきで揺るぎないものにできるわけではない。そのため、顧客には考えを改める権利が用意されている。

　したがって、この権利が適用されるのは**イテレーション期間中に限られる**。イテレーション期間外では、要件や優先順位は変化する。しかし、イテレーション期間中の開発者は、これらを変化しないものとみなす権利がある。ただし、忘れないでほしいのだが、要求された変更がさしたる影響を及ぼさないと開発者が判断したならば、その権利は放棄しても構わない。

開発者には、常に質の高い仕事をする権利がある。

　開発者の権利のなかでは、これが最も重要かもしれない。開発者には質の高い仕事をする権利がある。ビジネス側の人たちには、開発者に対して手抜きや質の低い仕事をするように指示する権利はない。言い方を変えれば、ビジネス側の人たちに、開発者のプロフェッショナルとしての信用や倫理を裏切るようなことを強要する権利はない。

開発者には、同僚や上司、顧客に助力を求め、それを受ける権利がある。

　「助力」はさまざまな形をとる。プログラマー同士が互いに助け合って問題を解決したり、結果を確かめたり、フレームワークについて学んだりすることもある。要件のわかりやすい説明や優先順位の見直しを顧客に求めることもある。この宣言では、主にプログラマーに**コミュニケーションをとる権利**を与えている。助力を求める権利には、助力を求められたときには応じる責任もあるということだ。

開発者には、自ら見積りを行い、またそれを更新する権利がある。

　あなたのタスクを見積もれる人はあなた以外にはいない。すでにタスクを見積もったあとでも、新たな要素が明らかになった場合には、いつでも見積りを変えられる。見積りは推測だ。思慮分別のある推測かもしれないが、それでも推測は推測。そしてそれは、時間が経つとともによくなる推測でもある。しかし、見積りは決してコミットメントにはならない。

開発者には、責任を割り当てられるのではなく、責任を自ら引き受ける権利がある。

　プロフェッショナルは仕事を**引き受ける**のであり、割り当てられるのではない。プロの開発者には、仕事やタスクに対して、その都度「ノー」と言う権利がある。自分の能力ではやり遂げる自信がないからかもしれないし、他の誰かのほうが適任だと考えたからかもしれない。あ

るいは、開発者の個人的および道徳的な理由から、その仕事を拒否することもあるだろう[7]。

いずれの場合でも、引き受ける権利には代償がつきものだ。引き受けることには責任が伴う。仕事を引き受けた開発者は、さまざまな責任を負うことになる。たとえば、タスクを遂行して品質を担保すること、スケジュールを管理可能にするために見積りを継続的に更新すること、チーム全体に状況を伝えること、必要に応じて助力を求めることなどが含まれる。

チームによるプログラミングでは、経験が浅いメンバーと経験豊富なメンバーが密に連携しながら仕事を進めていく。チームには、誰が何をするのかを協力しながら決定する権利がある。技術リーダーから開発者にタスクを依頼することもあるだろう。だが、技術リーダーには誰かにタスクを強制する権利はない。

結論

アジャイルとは、プロフェッショナルなソフトウェア開発を支える規律のフレームワークである。規律を守ると決意した者は、マネージャー、ステークホルダー、顧客のまっとうな期待を受け入れ、それに従う。アジャイルが開発者と顧客に与える権利を順守し、その恩恵を享受する。このように、権利と期待をお互いが引き受けて協議するという規律のある専門性こそが、ソフトウェアの**倫理的な**基準の土台となるのだ。

アジャイルは開発プロセスでもなければ、流行りの何かでもない。単なるルールの集合でもない。アジャイルとは、倫理的な専門性の土台を形づくる権利、期待、規律の一式である。

7　カリフォルニア州の EPA 試験装置をごまかす仕事を「引き受けた」フォルクスワーゲンの開発者のことを考えてみよう。https://en.wikipedia.org/wiki/Volkswagen_emissions_scandal

ビジネスプラクティス

　成功するために開発が従うべきビジネス向けのプラクティスがいくつも存在する。そこには「計画ゲーム」「小さなリリース」「受け入れテスト」「チーム全体」が含まれる。

計画ゲーム

　プロジェクトはどのように見積もるのだろうか？　シンプルな答えは、いくつかの構成要素に分割し、それらを見積もるというものだ。すばらしいやり方である。だが、要素が大きすぎて正確に見積もれない場合はどうするのだろう？　さらに要素を分割して、それを見積もると考えるかもしれない。なんだか再帰下降法のようになってきたではないか。

　この手順をどこまで下降させるのだろうか？　コード行になるまで続ければいい。これがプログラマーのやることだ。プログラマーとは、タスクをコード行に分割できるスキルを持つ人のことを指す。

　正確で精度の高い見積りが必要であれば、コード行まで分割すればいい。そこまでできれば、

プロジェクトを構築するまでの時間の見積りが、**非常に正確かつ精度の高い**ものとなる。あとはコードをビルドするだけだからだ。

　もちろんこれは**見積りの本質**を見逃している。見積りとは推測である。プロジェクトにかかる時間を**実際に構築**することなく知りたいのだ。見積りのコストは低く抑えたい。したがって、その定義により、見積りは**精度の低い**ものとなる。精度が低いからこそ、見積りの時間を短縮できる。精度を落としていけば、さらに時間を短縮できるだろう。

　見積りを**不正確**にすべきとは言っていない。できるだけ正確であるべきだが、見積りのコストが抑えられるように精度は低くしておきたい。例を使おう。私が死ぬのは 1000 年以内だと見積もっている。非常に正確だが、精度が低い。この正確な見積りをするのに、さほど時間はかからなかった。精度の範囲が広すぎるからだ。正確な見積りにおける精度とは、対象のイベントがほぼ確実に発生する期間の範囲を示している。

　ソフトウェア開発者としては、見積りを正確にしたまま、できるだけ狭い範囲を選択できるように、時間を短縮すべきである。

三点見積り

　大きなタスクに有効な技法として**三点見積り**がある。この見積りは、**最良ケース、最有力ケース、最悪ケース**の 3 つの数値で構成される。これらの数値は、**信頼性を持つ見積り**だ。**最悪ケース**の数値はタスクが 95% の信頼性で完了する時間を示している。同様に、**最有力ケース**は 50% の信頼性、**最良ケース**は 5% の信頼性を持っている。

　たとえば、タスクが 3 週間以内に完了する信頼性は 95% である。2 週間以内ならば 50%。そして、1 週間以内に完了する信頼性はわずか 5% である。

　別の考え方をしてみよう。同じようなタスクが 100 個あるとする。5 個は 1 週間以内に完了し、50 個は 2 週間以内、95 個は 3 週間以内に完了するだろう。

　三点見積りのマネジメントには数学的方法が存在する。興味があれば、PERT 法について調べてみるといいだろう[1]。PERT 法とは、大規模プロジェクトやプロジェクトのポートフォリオをマネジメントする強力な手法である。まだ勉強したことがないのなら、そんなのすでに知っていると思わないでほしい。使い慣れた Microsoft Project の PERT 図のことだけではないからだ。

　三点見積りは、プロジェクト全体の長期の見積りとしては強力だが、プロジェクトの**内部**で必要な日々のマネジメントで使うには精度が悪すぎる。したがって、別のアプローチを使うことになる。**ストーリーポイント**だ。

1　https://en.wikipedia.org/wiki/Program_evaluation_and_review_technique

ストーリーとポイント

ストーリーポイントとは、正確さと精度の両方を扱う技法であり、非常に細かいフィードバックループを使用して、現実に対する見積りを何度も調整していくものである。最初のうちは精度が低いかもしれないが、サイクルを何度か繰り返していくうちに管理可能なレベルに落ち着く。だがその前に、ストーリーについて少し説明しておく必要があるだろう。

ユーザーストーリーとは、システムの機能をユーザーの視点から簡潔に記述したものである。たとえば、以下のようになる。

車の運転手として、
アクセルペダルを強く踏みたい。
それは車の速度を上げるためだ。

これがよく使われるユーザーストーリーの形式である。だが、「加速する」のように、さらに簡略化した形式を好む人たちもいる。どちらを使っても構わない。どちらも会話のプレースホルダーにすぎないからだ。

まだ会話は発生していない。開発者がストーリーの機能の開発を始めたときに会話が発生する。だが実際には、ストーリーを書き始めたときから会話は始まっている。開発者とステークホルダーが協力して、考えられるストーリーの詳細について話し合い、シンプルな表現を選んで書き留めるのである。

表現はシンプルになっている。詳細に立ち入るのはまだ早いので、詳細は書かないでおきたい。詳細な仕様を決めるのは、ストーリーを開発するときまで可能な限り遅らせたい。「あとで会話をする」という約束を表すものとして、ストーリーを省略形にしているのである[2]。

ストーリーはインデックスカードに記入する。あー、わかってる、わかってる。コンピューターやiPadなんかもあるっていうのに、誰がいまどきそんな古くさい原始的なツールを使うのかって言いたいのだろう。だが、インデックスカードであれば手に持つことができるし、机の向こう側にいる人に渡すこともできるし、端っこにメモを書くこともできるし、**どんなふうにも扱える**。それがすごく価値のあることなのだ。

自動化ツールも重要だが、それは別の章で話すことにしよう。とりあえず今は、ストーリーをインデックスカードとして考えてもらいたい。

なお、第二次世界大戦はインデックスカードで管理されていたそうだ[3]。したがって、この技法は大規模にも適用可能である。

2　これはロン・ジェフリーズのストーリーの定義のひとつだ。
3　まあ、すべてを管理していたわけではないと思う。

ATMのストーリー

　今はイテレーションゼロだとしよう。あなたのチームはATMのストーリーを書いている。どのようなストーリーになるだろうか？　最初のうちは「引き出し」「預け入れ」「送金」などのストーリーが簡単に思いつく。もちろん認証も必要だ。ここでは「ログイン」と呼ぶとしよう。ということは「ログアウト」も必要になる。

　これでインデックスカードが５枚になった。実際にマシンを扱うようになれば、さらに枚数が増えることは確実だ。たとえば「監査」や「ローン支払い」などが考えられる。だが、ここでは上記の５枚のみを扱うことにしよう。

　５枚のカードは「引き出し」「預け入れ」「送金」「ログイン」「ログアウト」である。もちろん探索中に**言及された**言葉はこれだけではない。ミーティングでは、詳細について多くのことを話し合った。たとえば、ユーザーがカードをスロットに挿入して暗証番号を入力し、どのようにログインするかについても話し合った。預け入れするときは封筒のまま挿入し[4]、そこに識別マークを印字することについても話し合った。現金の引き出しはどのようにするのか、お金が詰まったり不足したりしたときはどうするのかについても話し合った。多くの詳細について語り合ったのである。

　だが、こうした詳細のことをまだ信用していない。したがって、まだ書き留めてもいない。書き留めたのは単語だけだ。忘れないようにしておきたいことをメモにしてカードに書くのは構わないが、これは要件ではない。カードは正式な文書ではない。

　詳細化を避けるのは鍛錬である。これが非常に難しい。チームにいる誰もが、話し合った詳細をすべて書き留めるべきだと思っている。だが、そのような衝動に抵抗するんだ！

　ストーリーカードにあらゆる詳細を書き留めようとするプロジェクトマネージャーと働いたことがある。カードには、とても小さな文字でびっちりと文字が書かれていた。理解不能で、使用不能なものになっていた。詳細が多すぎて見積もることができなかった。スケジュールも立てられなかった。まったく役に立たなかった。さらに悪いことに、ストーリーカードには膨大な労力がかけられていたので、捨てることもできなかった。

　ストーリーをマネジメント可能、スケジュール可能、見積り可能にするためには、「一時的な詳細の欠如」が必要である。ストーリーは安価に始めなければいけない。その多くが変更・分割・統合・破棄されるからだ。ストーリーはプレースホルダーであり、要件ではないことを覚えておこう。

　これでイテレーションゼロのストーリーカードがそろった。その他のストーリーカードについては、新しい機能やアイデアが出てきたときに作成すればいい。ストーリーカードの作成プ

4　訳注：海外ではATMに預け入れする際に現金を封筒に入れる場合がある。

ロセスに終わりはない。ストーリーはプロジェクトの過程において、常に作成・変更・破棄され、（これが最も重要なのだが）開発されていくのである。

ストーリーの見積り

　これらのカードが目の前の机に置いてあり、机には他の開発者、テスター、ステークホルダーが座っていると想像してほしい。これからみんなでストーリーカードを**見積もろう**。このようなミーティングはこれから何度も開催されることになる。新しいストーリーが追加されたり、古いストーリーについて新たなことがわかったりすると、みんなが招集される。こうしたミーティングはインフォーマルだが、各イテレーションの定期的なイベントとなっている。

　だが、今はまだイテレーションゼロであり、これは最初の見積りミーティングである。どのストーリーもまだ見積もられていない。

　まずは、平均的な複雑さだと思うストーリーを選ぼう。ここでは「ログイン」になるだろう。このストーリーを記入したときに同席していた人も多く、ステークホルダーが考えている詳細についても把握できていたからだ。文脈を適切に把握できているかを確認するために、これらの詳細についてステークホルダーにレビューしてもらうこともある。

　それから、ストーリーのポイント数を選択する。「ログイン」ストーリーの開発労力は3ポイントだ（**図3-1**）。なぜ3なのか？　なぜこれでいいのか？　「ログイン」は平均的なストーリーなので、平均的なコストをつけたのだ。ストーリーの範囲が1〜6であれば、3が平均値になる。

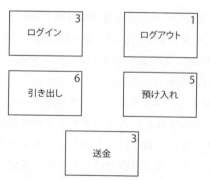

図3-1　「ログイン」ストーリーは3ポイント

「ログイン」は我々の**ゴールデンストーリー**である。これは比較の基準となるストーリーのことだ。たとえば、ログアウトのほうがログインよりも簡単であれば、「ログアウト」ストーリーを1ポイントにする。「引き出し」は「ログイン」の2倍難しいので6ポイントにしておこう。

「預け入れ」は「引き出し」と似ているが、それほど難しくはないので、5ポイントにしておく。最後に、「送金」は「ログイン」とほぼ同じなので、3ポイントにしておく。

　これらの数値はストーリーカードの隅に書いておく。見積りのプロセスについては後ほど詳しく説明する。とりあえず今は、ストーリーカードの見積りが1〜6になっているとしよう。なぜ1〜6なのか？　なぜこれでいいのか？　コストの割当方法はいくつもある。だが、こういうのは簡単なほうがいい。

　ここまで読んできて、このポイントとは何か？と疑問に思っているだろう。時間の単位と思っているかもしれない。だが、それは違う。実時間ではなく、労力を見積もった単位なのだ。つまり、見積り時間ではなく、見積り**労力**である。

　ストーリーポイントは線形にしておこう。たとえば、2ポイントのカードは、4ポイントのカードの半分の労力で済むようにする。ただし、完全に線形にする必要はない。これらはあくまでも**見積り**であり、精度は意図的に低くしている。3ポイントのストーリーは、ジムなら（バグに気を取られなければ）2日で実装が終わるだろう。あるいは、パットが家で作業するなら、1日で終わるだろう。このように、ポイントの数字はあいまいで、ファジーで、精度の低いものであり、実時間と直接**関連**しているわけではない。

　だが、あいまいでファジーな数字は美しいところもある。「大数の法則[5]」と呼ばれるものだ。つまり、量を増やしていけば、ファジーなところが積分消去される！　あとでこれを利用していこう。

イテレーション1の計画

　そうこうしているうちに、最初のイテレーションを計画するときがきた。イテレーションは**イテレーションプランニングミーティング（IPM）**から始まる。このミーティングは、イテレーションの期間の20分の1の時間になるようにスケジュールする。たとえば、2週間のイテレーションであれば、IPMはおおよそ半日になる。

　IPMにはチーム全体が参加する。つまり、ステークホルダー、プログラマー、テスター、プロジェクトマネージャーなどが含まれる。ステークホルダーは見積もられたストーリーを事前に読み、ビジネス価値の順番で並べておく。ストーリーポイントのときと同じように、ビジネス価値に数字をつけるチームもあれば、目測だけでビジネス価値を決めるチームもある。

　IPMにおけるステークホルダーの仕事は、イテレーションでプログラマーとテスターが実装するストーリーを選択することだ。そのために、プログラマーが完成できると考えるストーリーポイントの合計を知る必要がある。この数値を**ベロシティ**と呼ぶ。もちろんこれは最初のイテレーションなので、これからベロシティがどうなるかは誰にもわからない。したがって、チー

5　https://en.wikipedia.org/wiki/Law_of_large_numbers

ムはベロシティを推測することになる。ここでは 30 にしておこう。

　ベロシティは確約ではない。このことを認識するのが重要だ。チームは次のイテレーションで 30 ポイントを完成させることを約束しているわけではない。30 ポイントを完成させようと**試みる**ことを約束しているわけでもない。あくまでもイテレーションの終わりまでに完成するポイントの推測にすぎない。こうした推測はあまり正確ではないだろう。

投資利益率（ROI）

　ステークホルダーは 4 象限のゲームをプレイしている（**図 3-2**）。

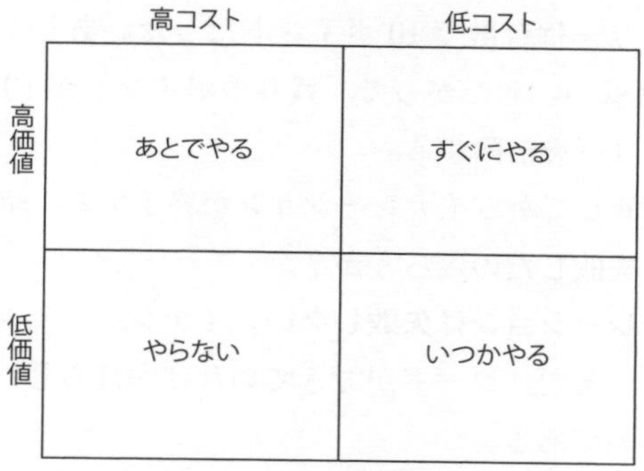

	高コスト	低コスト
高価値	あとでやる	すぐにやる
低価値	やらない	いつかやる

図 3-2　4 象限のゲーム

　価値が高くてコストの低いストーリーはすぐにやる。価値は高いがコストの高いストーリーはあとでやる。価値もコストも低いストーリーはいつかやる。価値が低くてコストの高いストーリーはやらない。

　これは**投資利益率**（ROI）の計算だ。正確にやるわけではないので、数式は不要である。ステークホルダーはカードを見て、価値と見積もられたコストから判断する。

　たとえば「『ログイン』は重要だが、コストも高い。ちょっと待てよ。『ログアウト』も重要だが、こちらはコストが低い。こっちをやろう！　『引き出し』はコストが高いな。めちゃくちゃ高い。だが、これは最初に見せるべき重要な機能だから、やるしかない」のようになる。

　このようなプロセスで進む。ステークホルダーはストーリーのデッキに目を通し、コストに見合う価値がある（ROI が最も高い）ものを探す。これを合計で 30 ポイントになるまで探し続ける。これがイテレーションの計画だ。

中間チェック

　それでは、作業に取り掛かろう。ストーリーの開発に関するプロセスについては、後ほど詳しく説明する。とりあえず今は、ストーリーを動くコードに変換する手順があると想像してほしい。**計画済みの山**からストーリーカードを**完成した山**に移動するのである。

　イテレーションの中間地点では、多くのストーリーを完成させておくべきだ。完成すべきストーリーの合計はいくつだろうか？　そうだ、15 だ。このようにするには、2 で割れる数にしておく必要がある。

　この中間地点をレビューミーティングと呼ぼう。月曜日の朝、つまりイテレーションの 2 週目の最初の日のことだ。チームとステークホルダーが集まり、進捗を確認する。

　おっと、完成したストーリーは合計で 10 ポイントだった。あと 1 週間しかない。これから 20 ポイントできる可能性は低い。したがって、残りのポイントが 10 になるように、ステークホルダーが計画からストーリーを削除する。

　金曜日の午後、デモを開催してからイテレーションが終了する。結局、18 ポイントが完成した。このイテレーションは失敗したのだろうか？

　失敗していない！　**イテレーションは失敗しない**。イテレーションの目的は、マネージャーのためにデータを生成することだ。コードができていればすばらしいが、コードができていなくてもデータは生成されるのである。

昨日の天気

　イテレーションで完成できるポイント数がわかった。18 ポイントだ。次のイテレーションを開始する月曜日、ステークホルダーは何ポイントを計画すべきだろうか？　もちろん 18 ポイントだ。これは**昨日の天気**と呼ばれる。今日の天気を予測するには、昨日の天気を見ればいい。イテレーションの進捗を予測するには、前回のイテレーションの進捗を見ればいい。

　今回の IPM では、ステークホルダーは 18 ポイントになるまでストーリーを選択した。だが、中間地点のレビューで奇妙なことが起きた。12 ポイントも完成したのである。ステークホルダーにこのことを伝えるべきだろうか？

　伝える必要はない。ステークホルダーは自分たちで確認できるからだ。そして、計画に 6 ポイントを追加した。計画は合計で 24 ポイントになった。

　だが、最終的にチームが完成できたのは 22 ポイントだった。したがって、次のイテレーションには 22 ポイントが選ばれた。

プロジェクトの終了

以降も同様だ。イテレーションが完了するたびに、ベロシティがチャートに追加された。全員がチームの速度を確認できた。

こうしたイテレーションのプロセスが、何か月も繰り返されることを想像してほしい。ストーリーカードのデッキはどうなるだろうか？ このイテレーションのサイクルは、デッキから ROI を吸い出すポンプである。要求の継続的な探索は、デッキに ROI を送り込むポンプである。入力される ROI が出力される ROI を上回っている限り、プロジェクトはいつまでも続く。

だが、探索で発見される新機能の数が、次第にゼロに近づくこともある。こうなるとデッキに残された ROI は、あと数イテレーションで尽きてしまうだろう。いずれ IPM でステークホルダーがデッキに目を通し、やるべき価値のあるものが見つからないときがくる。そのときがプロジェクトの終わりだ。

すべてのストーリーを実装したときがプロジェクトの終わりではない。実装する価値のあるストーリーがデッキからなくなったときに、プロジェクトが終了するのである。

プロジェクトが終了してからデッキに残ったものを見ると驚くことがある。以前、1 年がかりのプロジェクトに取り組んだときのことだ。そこにはプロジェクトの名前にもなったストーリーがあった。最初に書かれたストーリーだ。だが、そのストーリーは最後まで実装されることはなかった。おそらく最初は重要だったのだろう。だが、実装すべき緊急のストーリーが他にもたくさんあったのだ。こうした緊急のストーリーを解決していくうちに、最初のストーリーの重要性は失われてしまったのである。

ストーリー

ユーザーストーリーは、機能のリマインダーとして使うシンプルな記述だ。ストーリーを書くときには、あまり詳細を記録しないようにする。詳細はいずれ変更されることを我々は知っているからだ。詳細はストーリーではなく、**受け入れテストとして記録する**。これについてはあとで説明しよう。

ストーリーは、**INVEST** という頭字語のガイドラインに従う。

- **I: Independent**（独立した）

  ユーザーストーリーは、お互いに独立している。つまり、特定の順番で実装する必要がないということだ。たとえば、「ログアウト」の前に「ログイン」を実装する必要はない。

これはゆるい条件である。他のストーリーの実装に依存するストーリーも存在するからだ。たとえば、「パスワードリマインダー」の機能は、ある程度「ログイン」に依存している。ただ

し、できるだけ依存しないように、ストーリーを分割しておくといいだろう。そうすればビジネス価値の順番でストーリーを実装できる。

● N: Negotiable（交渉可能）

これがすべての詳細を記述しないもうひとつの理由だ。詳細については、開発者とビジネス側で交渉できるようにしておきたい。

たとえば、ビジネス側からドラッグアンドドロップの UI を求められたとしよう。開発者は、こちらのほうが開発コストが低いという理由を述べながら、チェックボックスを推奨することもできる。ソフトウェアの開発コストを管理するには、ビジネス側が気づきを得る必要がある。こうした交渉はそのための数少ない方法のひとつであり、重要なものである。

● V: Valuable（価値がある）

ユーザーストーリーは、ビジネス的に明確で定量化できる価値を持たなければいけない。

リファクタリングはストーリーではない。アーキテクチャはストーリーではない。コードのクリーンアップはストーリーではない。ストーリーには常にビジネス価値が存在しなければいけない。心配しないでほしい。リファクタリング、アーキテクチャ、クリーンアップについては、**あとで触れる**。だが、ストーリーのところではない。

通常、ストーリーはシステムのすべてのレイヤーを通る。たとえば、少しの GUI、少しのミドルウェア、ちょっとしたデータベースの操作が含まれる。システムにある複数の水平のレイヤーを垂直に薄くスライスしたものがストーリーだと考えればいいだろう。

ビジネス価値の定量化は略式にすることもできる。たとえば、シンプルに「高、中、低」を使用しているチームもあれば、10 点満点で評価しているチームもある。価値が異なるストーリーを区別できるのであれば、どのような尺度を使用しても構わない。

● E: Estimable（見積り可能）

ユーザーストーリーは、開発者が見積りできる程度に具体的でなければいけない。

「システムは高速でなければいけない」というストーリーは見積り可能ではない。このストーリーだけで完結していないからである。これはすべてのストーリーが満たすべき裏側の要求である。

● S: Small（小さい）

ユーザーストーリーは、1～2人の開発者が1回のイテレーションで実装できる大きさを超えてはいけない。

チーム全体がイテレーション全体で、1つのストーリーだけに取り組むようなことはしたくない。イテレーションには、チームの開発者の人数と同程度のストーリーを含めるべきだ。たとえば、開発者が8人いれば、各イテレーションには6～12個のストーリーを含めるといいだろう。ただし、厳密に守る必要はない。ルールというよりもガイドラインである。

- **T: Testable**（テスト可能）
  ビジネス側は、ストーリーが完成したことを担保するテストを明確に示す必要がある。

通常、これらのテストはQAが記述し、自動化され、ストーリーが完成したかどうかを判断するために使用される。テストについてはあらためて詳しく説明する必要があるが、とりあえず今は、ストーリーはテストを記述できるほど具体的であるべき、と覚えておこう。

これは「交渉可能」と矛盾するように思えるかもしれない。だが、そうではない。ストーリーを記述するときに、テストのことを知る必要はないからだ。知る必要があるのは、適切なタイミングでテストを作成できるかどうかだ。たとえば、「ログイン」の詳細を知る必要はないが、それがテスト可能であることは知る必要がある。「ログイン」は具体的な操作だからだ。一方、「使いやすい」のようなストーリーはテスト可能ではない。また、見積りもできない。このように「見積り可能」と「テスト可能」は非常に近い存在である。

ストーリーの見積り

ストーリーの見積り方法は複数ある。そのほとんどは古典的な「広域デルファイ法」[6]の一種だ。

最もシンプルなものは「フライングフィンガー」と呼ばれる。開発者がテーブルの周りに座り、ひとつのストーリーを読む。必要であればステークホルダーと会話する。次に、開発者は片手を背中の後ろ（見えないところ）に置いて、ストーリーのポイント数だと思われる数を指で表現する。誰かが「1、2、3」と数えてから、全員が一斉に指を出す。

全員が同じ指の数を出しているか、ばらつきが小さくて平均値が明らかなときは、その数をストーリーカードに記入して、次のストーリーに進む。反対にばらつきが大きいときは、開発者はその理由について話し合い、合意に至るまで一連のプロセスを続ける。

ストーリーの見積りの妥当な範囲は「シャツのサイズ」である。つまり、S、M、Lだ。5本指すべてを使いたければ、それでも構わない。だが、それより大きな数は意味がない。忘れな

6　https://en.wikipedia.org/wiki/Wideband_delphi

いでほしいのだが、正確であることは望ましいが、必要以上の精度は求めていない。

「プランニングポーカー」[7]も同じような手法だが、カードが必要になる。人気のあるカードデッキがいくつも存在する。そのほとんどは「フィボナッチ数列」のようになっている。たとえば、ある有名なカードデッキは「?、0、1/2、1、2、3、5、8、13、20、40、100、∞」を使っている。こうしたカードデッキを使う人に私からアドバイスしておこう。ほとんどのカードは不要だ。

　フィボナッチ数列を使う利点は、チームで大きなストーリーを見積もれる点だ。たとえば「1、2、3、5、8」を選んでいれば、8倍の範囲で見積もれる。

「0、∞、?」を含めることもできる。フライングフィンガーを使っていれば、「グー」「親指を上」「親指を下」などで表現できる。「0」は「小さすぎて見積もれない」を意味する。だが、注意しておこう！　何個か集めて統合すれば、大きなストーリーになる可能性もある。「∞」は「大きすぎて見積もれない」を意味する。ストーリーを分割する必要があるだろう。「?」は単純に「わからない」だ。これから説明する**スパイク**が必要になるだろう。

分割、統合、スパイク

　ストーリーの統合は簡単だ。カードをクリップでまとめて、統合されたひとつのストーリーとして扱えばいい。ポイント数はすべてを合計する。0ポイントのカードがある場合は、合計するときにうまく調整する必要がある。たとえば、0ポイントのカード5枚を合計しても0にはならないだろう。

　ストーリーの分割にはコツがある。INVEST を維持する必要があるからだ。簡単な例として「ログイン」を考えよう。これを小さなストーリーに分割すれば「パスワードなしでログイン」「1回のパスワード入力でログイン」「複数回のパスワード入力でログイン」「パスワードを忘れた」などになるだろう。

　ストーリーが分割できないことはほとんどない。ストーリーが大きければ分割できる。ストーリーを分割してコードに落とすのは、プログラマーの仕事であることを忘れないでほしい。したがって、ストーリーの分割は基本的には可能である。難しいのは、INVEST を維持できるかどうかだ。

　スパイクとは、メタストーリーである。つまり、ストーリーを見積もるためのストーリーだ。**スパイク**と呼ばれるのは、システムのすべてのレイヤーを通る、先の尖った細長いものを開発することが多いからだ。

　見積りができないストーリーを考えてみよう。ここでは「PDF の印刷」にしよう。どうして見積りができないのだろうか？　PDF ライブリを使ったことがなく、その仕組みもわからないからだ。そこで「PDF の印刷のストーリーを見積もる」という新しいストーリーを書いた。こ

7　Grenning, J. W. 2002. *Planning Poker or how to avoid analysis paralysis while release planning.*
https://wingman-sw.com/articles/planning-poker で閲覧。

れなら見積りができるはずだ。

　つまり、PDF ライブラリの仕組みを理解するために、何をする必要があるかを把握するということだ。両方のストーリーをデッキに入れておこう。

　ステークホルダーが IPM で「PDF の印刷」を選択することもあるだろうが、スパイクのときだけは選択できない。スパイクでは、スパイク用のカードを選択する必要がある。開発者は将来のイテレーションで実装できるように、ストーリーを見積もるために必要な作業を行うのである。

イテレーションのマネジメント

　各イテレーションの目標は、ストーリーを完成させてデータを生成することだ。ストーリーのタスクよりも、ストーリーにフォーカスすべきである。各ストーリーが80%ずつ完成しているよりも、全体の80%のストーリーが完成しているほうがはるかによい。ストーリーを完成させることにフォーカスしよう。

　IPM が終わったらすぐに、プログラマーは自分が担当するストーリーを手に取る。あるいは、最初に担当するストーリーだけを手に取り、残りはそのままにしておいて、ストーリーが完成してから次のストーリーを手に取るようにしているチームもある。いずれの場合でも、プログラマー個人がストーリーを手に取り、そのストーリーを担当する。

　マネージャーやリーダーは、ストーリーをプログラマーにアサインしようとするだろう。だが、これは避けるべきだ。プログラマーに自分たちで話し合ってもらうほうがはるかに有益だ。

　以下の話を見てみよう。

ジェリー（熟練）「特に異論がなければ、私が『ログイン』と『ログアウト』を担当します。これらはまとめて担当したほうがいいでしょう」

ジャスミン（熟練）「特に問題ありませんが、データベースの部分はアルフォンスとペアでやるのはどうでしょうか。彼はイベントソーシングについて知りたいみたいですし、『ログイン』は入門として最適だと思います。アルフォンスはどう思う？」

アルフォンス（見習い）「そうしてもらえると助かります。一度見ておけば、私も『引き出し』を担当できると思います」

アレクシス（リードプログラマー）「『引き出し』は私が担当するので、アルフォンスは私とペアになりましょう。そのあとでアルフォンスには『送金』を担当してもらいます」

アルフォンス「ありがとうございます。そうしてもらえると助かります。ステップは小さく、ですよね？」

ジャスミン「そのとおり。残りは『預け入れ』だけですね。私が担当しましょう。アレクシ

スが担当するところとよく似てるから、UI 部分は一緒にやりましょう。コードも共有できると思います」

　野心ある見習いプログラマーが実力以上のことに取り組もうとしているところを、リードプログラマーがうまく導いていることがわかる。また、チームがお互いに協力してストーリーを担当していることも確認できる。

QAと受け入れテスト

　QA が自動受け入れテストを書いていなければ、IPM が終わったらすぐに着手すべきだ。早めに完成すべきストーリーのテストは、早めに完成させておく必要がある。ストーリーを完成させるために、受け入れテストの記述を待つようなことはしたくない。

　受け入れテストの記述はすぐに終わらせよう。イテレーションの中間地点までにはすべてを記述しておきたい。それまでに終わっていなければ、何人かの開発者がストーリーの開発を中断して、受け入れテストを書くべきだ。

　そうすると、イテレーションですべてのストーリーを完成できない可能性もでてくるが、いずれにしても受け入れテストがないとストーリーは完成できないのだから仕方ない。ただし、プログラマーは担当しているストーリーのテストを書くべきではない。QA が中間地点までに書き終わらないことが何度も続くようであれば、QA エンジニアと開発者の比率が間違っている可能性がある。

　中間地点を過ぎて、すべての受け入れテストができていたら、QA は次のイテレーションのテストに取り掛かろう。まだ IPM を実施していないのであくまでも推測になってしまうが、ステークホルダーから選択しそうなストーリーを教えてもらうといいだろう。

　開発者と QA はテストについて密に話し合う必要がある。QA から開発者に「壁越しにテストを投げる」のはやめてほしい。テストの構成や記述を開発者と一緒に考え、できればペアになって実際に書くところまでやってほしい。

　イテレーションの中間地点が近づくと、チームは中間レビューのためにストーリーを完成させようとする。また、イテレーションが終わりに近づくと、開発者は残りのストーリーの受け入れテストをパスさせようとする。

「DONE（完成）」の定義は「受け入れテストにパスする」だ。

　イテレーションの最終日には、どのストーリーを完成させ、どのストーリーを放置するかという、厳しい選択が必要になるだろう。できるだけ多くのストーリーを完成できるように、労力を再配分するためだ。繰り返しになるが、2 つのストーリーをそれぞれ半分ずつ完成させてイテレーションを終わるよりも、片方を犠牲にして 1 つのストーリーをきちんと完成させるべきである。

これは速く進むためではない。具体的かつ計測可能な形で進捗するためだ。信頼できるデータを手に入れるためだ。受け入れテストをパスすると、そのストーリーは完成する。プログラマーが「90%完成している」と言っても、どのくらい完成しているかはわからない。ベロシティのチャートで報告したいのは、受け入れテストをパスしたストーリーだけである。

デモ

イテレーションの終わりには、新しく完成したストーリーをステークホルダーに簡単にデモする。このミーティングは、イテレーションの期間によって違うが、だいたい1〜2時間程度である。デモでは、すべての受け入れテスト（これまでの受け入れテストも含む）とすべてのユニットテストを実行する。また、新しく追加された機能も見せる。開発者が機能していないところを隠せないように、ステークホルダーがシステムを操作するといいだろう。

ベロシティ

イテレーションの最後の作業は、ベロシティとバーンダウンチャートの更新である。受け入れテストをパスしたストーリーのポイントだけをチャートに記録する。イテレーションを数回繰り返すと、チャートに傾きが生じる。バーンダウンの傾きは、次の主要なマイルストーンの日付を予測している。ベロシティの傾きは、チームがうまくマネジメントされているかを示している。

イテレーションの初期はチームがプロジェクトの基本を理解しようとしているため、ベロシティの傾きは非常にノイズの多いものとなるだろう。ただし、イテレーションを数回繰り返せば、平均的なベロシティが明らかになるレベルまでノイズが減少するはずだ。

イテレーションが数回終わったあとは、傾きはゼロ（水平）にしたい。つまり、長期的にはチームの速度を大きく上げたり下げたりしたくないのである。

ベロシティの上昇

傾きが正になっていても、チームが実際に速くなっている**わけではない**。おそらくプロジェクトマネージャーが速度を上げるようにチームにプレッシャーをかけているのだろう。プレッシャーが高まると、チームは無意識に見積りの値を変えて、速度が上がっているかのように見せるようになる。

これは単なるインフレだ。ストーリーのポイントは通貨のようなものであり、チームは外部からのプレッシャーによって価値を切り下げているのである。来年にもなれば、1回のイテレーションで数百万ポイントを獲得できるようになるだろう。ここでの教訓は、ベロシティは**計測**

結果であり、目的ではないということだ。計測しているものに圧力をかけてはいけないというのは、制御理論の基本である。

　IPM でイテレーションを見積もる目的は、どのくらいのストーリーが完成する**可能性があるか**をステークホルダーが把握するためである。これにより、ステークホルダーはストーリーの選択や計画が可能になる。だが、見積りは約束ではない。実際のベロシティが低くても、それは失敗ではない。

　イテレーションが失敗するのは、データを生成できていないときである。このことを忘れないでいてほしい。

ベロシティの低下

　ベロシティのチャートの傾きが常に負になっている場合は、コードの品質に問題がある可能性が高い。おそらくリファクタリングが十分ではなく、コードの腐敗が進んでいるのだろう。リファクタリングが十分ではない理由は、ユニットテストを書いていないからであり、リファクタリングすると動いていたものが壊れてしまうことを恐れているからだ。こうした変更の恐怖をうまく管理することが、チームマネジメントの主な目的である。そして、それはテストの規律にもつながっている。このことについては、後ほど詳しく説明する。

　ベロシティが低下すると、チームに対するプレッシャーが高まる。プレッシャーが高まると、ポイントがインフレになる。インフレになると、ベロシティの低下が隠されてしまう。

ゴールデンストーリー

　インフレを回避するには、ストーリーの見積りを定期的にゴールデンストーリーと比較するといいだろう。ゴールデンストーリーとは、比較の基準となるストーリーのことだった。我々のゴールデンストーリーは「ログイン」であり、その見積りは「3」だった。たとえば、新しいストーリー「メニュー項目の誤字修正」の見積りが「10」であれば、インフレを誘発する何らかの力が働いていることがわかる。

小さなリリース

　小さなリリースのプラクティスは、開発チームはできるだけ頻繁にソフトウェアをリリースすべきというものだ。90 年代後半、アジャイルの黎明期には、「1〜2 か月」ごとにリリースすることを想定していた。だが、現代ではさらに短い目標を設定している。実際、以前とは比べものにならないほど短くなった。新しい目標はもちろん**継続的デリバリー**である。継続的デリバリーとは、変更するたびに本番環境にコードをリリースするプラクティスである。

継続的デリバリーの字面を見ると、デリバリーのサイクルだけを短縮するという誤解を招く可能性がある。実際には、**すべての**サイクルを短縮したい。

残念ながら、サイクルの短縮には歴史的に大きな慣性が存在する。この慣性は、過去のソースコードの管理方法と関係している。

ソースコードの管理の歴史

ソースコードの管理の歴史は、サイクルとサイズの歴史である。それは1950年代から60年代にかけて始まった。当時のソースコードは、紙の穴に記録されていた（**図3-3**）。

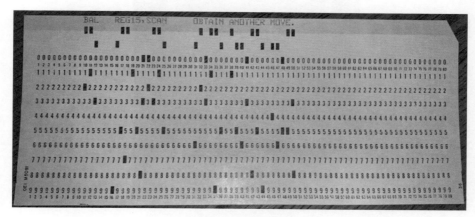

図3-3　パンチカード

我々の多くはパンチカードを使用していた。1枚のパンチカードは80文字で、それがプログラムの1行を表していた。プログラムとはゴムバンドで束ねられたパンチカードのデッキであり、それが箱に保存されていた（**図3-4**）。

プログラムの所有者は、デッキを引き出しやキャビネットに保管していた。ソースコードをチェックアウトしたければ、所有者の許可を得てから、引き出しやキャビネットから持ち出していた。

ソースコードを変更できるのはチェックアウトした人だけである。ソースコードを**物理的に**占有しているからだ。他の人は触れることができない。作業が終わったら所有者に返却し、所有者が引き出しやキャビネットに戻す。

プログラムのサイクルタイムは、プログラマーが占有している時間になる。その期間は、数日、数週間、数か月になるだろう。

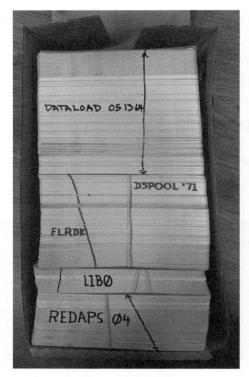

図 3-4　箱に保存されたパンチカードのデッキ

テープ

　1970 年代になると、ソースコードが含まれるカードイメージを磁気テープに保存するようになった。磁気テープには大量のソースコードモジュールを保存できた。複製も簡単だった。モジュールの編集手順は以下のとおりである。

1. マスターラックからマスターテープを取り出す。
2. 編集したいモジュールをマスターテープからワークテープにコピーする。
3. 他の人がモジュールにアクセスできるように、マスターテープを元に戻す。
4. 編集するモジュールの名前の横にあるチェックアウトボードに色付きのピンを刺す（ちなみに私は青色だった。上司は赤色で、同僚は黄色。そう、だんだんと色が足りなくなっていくのだ）。
5. ワークテープを編集、コンパイル、テストする。
6. 再びマスターテープを取り出す。

7. 変更したモジュールをワークテープからマスターテープに新規にコピーする。

8. 新しくなったマスターをラックに戻す。

9. チェックアウトボードからピンを外す。

　ここでのサイクルタイムは、チェックアウトボードにピンが刺さっている時間だ。その期間は、数時間、数日、数週間になるだろう。チェックアウトボードにピンがある限り、他の人はそのモジュールに触ることが許されない。

　といっても、モジュールはマスターテープにある。誰かがルールを破って編集できてしまう。危険な状態だ。つまり、ピンはあくまでも慣習であり、物理的な障壁ではなかったわけだ。

ディスクとSCCS

　80年代になり、ソースコードはディスクに移動した。最初はチェックアウトボードのピンを使い続けていた。その後、ソースコード管理ツールが登場し始めた。私が覚えているのは SCCS（Source Code Control System）だ。SCCS はチェックアウトボードのように機能した。ディスクにあるモジュールをロックして、他の人が編集できないようにすることができた。このようなロックは**悲観的ロック**と呼ばれた。ここでもサイクルタイムはロックの長さだった。その期間は、数時間、数日、数か月だった。

　SCCS の次は RCS（Revision Control System）が登場し、その次は CVS（Concurrent Versions System）が登場した。いずれも悲観的ロックを使っていた[8]。したがって、サイクルタイムは長いままだった。ただし、ディスクはテープよりもはるかに便利なストレージメディアだった。マスターテープからワークテープにコピーしていたときは、モジュールのサイズが大きくなりがちだった。ディスクになると、モジュールのサイズが大幅に縮小した。少しの大きなモジュールではなく、多くの小さなモジュールにしてもペナルティはなかった。これによりサイクルタイムが短縮した。小さなモジュールならば、チェックアウトして保持する時間が比較的短いからだ。

　ここで問題となるのが、システムを変更するために多くのモジュールの変更が必要になることだ。システムが密結合していると、チェックアウトの時間も長くなる。モジュールを疎結合にする方法を学び、チェックアウトの時間を短縮している人たちもいた。だが、ほとんどの人はそうしなかった。

8　訳注：CVS は楽観的ロックを使用している。

Subversion

その後、Subversion（SVN）が登場した。このツールは**楽観的ロック**を提供していた。楽観的は実際には「ロック」ではない。2 人の開発者が同じモジュールを同時にチェックアウトすることができた。Subversion はそれらを追跡し、変更点を自動的にモジュールにマージしてくれる。コンフリクトを検知したら（2 人の開発者が同じ行を変更していたら）、開発者はチェックインする前にコンフリクトを解消する必要がある。

これにより、一連の小さな変更に必要な編集、コンパイル、テストのサイクルタイムが大幅に短縮された。だが、密結合は依然として問題だった。密結合のシステムは多くのモジュールを同時に変更する必要があるため、サイクルタイムは長いままだった。疎結合のシステムならば、もっと高速にサイクルをまわせる。チェックアウトの時間はもはや制限要因ではなくなった。

Gitとテスト

現代の我々は Git を使用している。チェックアウトの時間はゼロになった。チェックアウトという概念もなくなった。変更はいつでもコミットできる。コミットのコンフリクトは、プログラマーが望むときに解消できる。疎結合の小さなモジュールを高い頻度でコミットすることで、サイクルタイムは数分程度まで短縮可能だ。さらに、ほぼ**すべて**をテストできる包括的で高速なテストスイートを作る能力があれば、**継続的デリバリー**を実現できるだろう。

歴史的な慣性

残念ながら、組織が過去の行動を取り除くことは難しい。サイクルタイムが数日、数週間、数か月かかるのは、多くのチームの文化に深く根付いているからだ。それは QA やマネジメント、さらにはステークホルダーの期待にまで広がっている。そのような文化にいると、**継続的デリバリー**の考えはふざけているかのように思える。

小さなリリース

アジャイルはチームのリリースサイクルを短縮化することで、こうした歴史的な慣性を打ち破ろうとしている。リリースに 6 か月かかっているとしたら、3 か月、1 か月、数週間でリリースできるように挑戦していくのである。このようにして、リリースサイクルをゼロに近づけていこう。

そのためには、リリースと開発の結び付きを解除する必要がある。「リリース」という用語は、ソフトウェアが技術的にはデプロイ可能であることを意味している。デプロイするかどうかの決定は、ビジネスの判断になる。

　イテレーションを説明するときにも同じ表現を使った。イテレーションは技術的にはデプロイ可能である。イテレーションが2週間のときに、もっと頻繁にリリースしたければ、イテレーションの期間を短くすればいい。

　イテレーションは限りなくゼロに近づくのだろうか？　もちろん、近づく。だが、このことは別のセクションで扱うことにしよう。

受け入れテスト

　受け入れテストのプラクティスは、すべてのアジャイルプラクティスのなかで、最も理解されておらず、最も使われておらず、最も混乱させるものである。だが、不思議だ。基本となるアイデアは「要求はビジネス側が仕様化する」という非常にシンプルなものだからだ。

　問題となるのはもちろん「仕様化する」の意味だ。多くの人たちは、身振り手振りをしながらあいまいでふわふわとした言葉を伝えるだけで、望ましい振る舞いを記述できると思っている。それでいて開発者には、細かな詳細まですべてを完全に理解してほしいと思っている。一方、多くのプログラマーは、システムが何をすべきかを、ピクセルの座標や値に至るまで、ビジネス側に**詳細**に定義してほしいと思っている。

　どちらも極端なので、その真ん中が必要だ。

　仕様とは何か？　仕様とは**テストである**。たとえば、以下を見てみよう。

　もしユーザーが有効なユーザー名とパスワードを入力する
　かつ「ログイン」をクリックする
　ならばシステムは「ようこそ」ページを表示すること

　これは明らかに仕様である。また、明らかにテストでもある。

　このテストが自動化できることも明らかだ。仕様が満たされていることをコンピューターが検証できない理由はない。

　これが**受け入れテスト**のプラクティスである。システムの要求はできるだけ自動テストとして記述すべきだ。

　ちょっと待てよ！　誰が自動テストを書くんだ？　本セクションの最初の段落に答えが書いてある。「要求はビジネス側が仕様化する」。だから、ビジネス側が自動テストを書く。そうだろ？

　ちょっと待てよ！　自動テストは実行可能な形式的な言語で書く必要があるじゃないか。それこそプログラマーの仕事だろ。だから、プログラマーが自動テストを書く。そうだろ？

　ちょっと待てよ！　プログラマーがテストを書くとしたら、それはビジネス側の観点から書かれたものじゃない。それだと技術的なテストになり、プログラマーしか理解できないものになる。ビジネス価値が反映されないじゃないか。だから、ビジネス側が自動テストを書く。そうだろ？

　ちょっと待ってよ！　ビジネス側が自動テストを書くとしたら、使用している技術に合わない形式で書く可能性が高いじゃないか。だから、プログラマーが自動テストを書く。そうだろ？

　このプラクティスが多くの人たちを混乱させてきた理由がわかるだろう。

ツールと方法論

　さらに悪いことに、このプラクティスにはツールや方法論が多い。

　ビジネス側の人たちが自動テストを簡単に書けるように、プログラマーたちが「支援する」ツールを大量に用意したのだ。たとえば、FitNesse、JBehave、SpecFlow、Cucumber などがある。こうしたツールは形式主義を生み出し、自動テストの技術的な側面とビジネス的な側面を区別しようとする。ここで作業仮説を立ててみよう。ビジネス側は自動テストのビジネス的な側面を記述し、プログラマーはテストをシステムにバインドするグルーコードを書けばいいのではないだろうか。

　これはいい考えのように思える。ツールを使えば、うまく切り分けてくれる。だが、ビジネス側は消極的だ。仕様化の担当者は形式言語を警戒する。仕様は普通の人間の言葉を使って書きたいと思っている。

　このように消極的なので、プログラマーが歩み寄り、代わりに受け入れテストを書くことになった。ビジネス側の人たちには、少なくとも形式言語を**読む**ことを期待した。だが、うまくいかなかった。ビジネス側の人たちは形式言語を好まなかった。それよりも、システムが動作しているところを見たいと考えた。また、仕様を書く仕事は、できることなら QA に任せたいと考えた。

振舞駆動開発

　2000 年代にダン・ノースが TDD を再定義した。彼はそれを「振舞駆動開発（BDD: Behavior-Driven Development）」と呼んだ。彼のねらいは、テストから技術的な専門用語を排除して、ビジネス側の人たちでも理解できる仕様のように見せることだった。

　最初はこれもテストの言語を形式化する試みだった。3 つの副詞「Given」「When」「Then」を使用するというものだ。この言語をサポートするために、いくつかのツールが作成（および変更）された。たとえば、JBehave、Cucumber、FitNesse などがそうだ。だが、重視される部

分がツールやテストから要求や仕様へと次第に変化していった。

　BDD の支持者たちは、要求をテストにして自動化しなくても、「Given-When-Then」などのシナリオベースの形式言語でシステムを仕様化すれば、ビジネスの大きな価値につながると提唱している。

　これによりビジネス側の人たちは、要求を実行可能なテストとして書くことから解放された。それと同時に、要求を形式的で詳細に示すこともできるようになった。

プラクティス

　以上のような混乱や論争があったにも関わらず、**受け入れテスト**のプラクティスはシンプルである。ビジネス側がユーザーストーリーの振る舞いを形式的なテストで記述し、開発者がそれらのテストを自動化するだけだ。

　イテレーションの前半に開発するストーリーのテストは、それよりも前にビジネスアナリストと QA で作成しておく。開発者はそれらのテストを継続的ビルドに統合する。テストはイテレーションにおけるストーリーの**完成の定義**である。ストーリーは受け入れテストが作成されるまで仕様化されていない。ストーリーは受け入れテストをパスするまで完成ではない。

ビジネスアナリストとQA

　受け入れテストは、ビジネスアナリスト、QA、開発者の共同作業である。ビジネスアナリストは、ハッピーパス（正常系）を仕様化する。プログラマーとステークホルダーの橋渡しをする役割だからだ。

　QA の役割は、ハッピーではないパスを書くことだ。こちらのほうがはるかに数が多い。QA の人たちはシステムを破壊する方法を見つける能力を買われて雇われている。深い専門性を持った人たちであり、ユーザーがシステムに対して行うあらゆる奇妙なことを予見できる。プログラマーの心を熟知しており、プログラマーが怠惰なところを徹底的に調査する方法を理解している。

　開発者はもちろん、QA やビジネスアナリストたちと協力して、技術的な観点からテストに問題がないことを確認する。

QA

　これまでの QA の役割とは完全に異なる。プロジェクトの後方でテスターとして活動するのではなく、前方で活躍する仕様作成者となるのだ。事後にエラーやミスを報告するのではなく、開発チームがエラーやミスをしないように事前に情報を提供するのである。

　QA には大きな負担となるだろう。イテレーションの最後に整合性を評価するのではなく、イ

テレーションの最初から品質を作り込み、品質を担保しなければいけない。それでいて、QA の責任が軽減されることはなく、システムがデプロイ可能かどうかも判断する必要がある。

テストが排除されていく

QA を先頭に移動してテストを自動化すると、もうひとつ大きな問題が解決される。それは、QA が最後に手動でテストしていると、QA がボトルネックになるというものだ。システムをデプロイするには、QA が作業を終わらせなければいけない。せっかちなマネージャーやステークホルダーは、システムをデプロイするために QA にプレッシャーをかけるようになる。

QA が最後にいると、上流工程のすべての遅れが QA の肩にかかる。開発者から QA に届けるのが遅れたからといって、デリバリーの日付を延期できるだろうか？　通常、デリバリーの日付はビジネス上の理由で選ばれており、それを延期するとコストがかかる。場合によっては取り返しがつかないこともある。そのすべての責任を QA が取らされるのだ。

テストの時間が残されていないときに、QA はどのようにシステムをテストするのだろうか？

どうすれば QA を高速化できるのか？　そんなの簡単だ。すべてをテストしなければいい。変更があったところだけにする。新機能と変更された機能のインパクト分析をして、インパクトのある部分だけをテストするのだ。変更されていないところまでテストするのは時間のムダだ。

こうしてテストが排除されていくのである。プレッシャーがかかると、QA は回帰テストを省略しようとする。次の機会に実行すればいいやと思ってしまう。だが、その「次の機会」は決してやって来ない。

QAにまつわる病気

プロセスの最後に QA があるので、最悪の問題にはならない。だが、組織は QA がうまくやっていることをどのように認識するのだろうか？　もちろん欠陥数を用いる。QA が多くの欠陥を発見した場合、QA は明らかにいい仕事をしている。QA マネージャーは業務を遂行している明確な証拠として、これまでに発見した欠陥数を売り込むことができる。

したがって、欠陥はよいものとされている。

欠陥から利益を得る者が他にいるだろうか？　昔からプログラマーの間では「ソフトウェアが適切に動作しなくていいのなら、どんな納期でも間に合わせられる」とよく言われる。あらためて聞くが、欠陥から利益を得る者が他にいるだろうか？　それは、納期に間に合わせなければいけない開発者だ。

言葉を口に出すわけではない。合意を紙に書くわけではない。だが、両者は欠陥に利益があることを理解している。欠陥の闇経済の誕生だ。この病は多くの組織に蔓延している。死に至ることはなくても、確実に組織を衰弱させている。

開発者はテスター

こうした問題はすべて**受け入れテスト**のプラクティスで解決できる。QA がイテレーションのストーリーの受け入れテストを書く。ただし、**QA はこれらのテストを実行しない**。テストをパスするかを検証するのは QA の仕事ではない。では、誰の仕事なのか？　当然、プログラマーの仕事である！

テストを実行するのは、プログラマーの仕事である。自分のコードがすべてのテストをパスすることを確認するのは、プログラマーの仕事である。テストを実行するのは、もちろんプログラマーである。ストーリーが完成したかどうかをプログラマーが判断するには、テストを実行する以外に方法はない。

継続的ビルド

実際には、プログラマーは「継続的ビルド」のサーバーを設定して、こうしたプロセスを自動化するだろう[9]。このサーバーは、プログラマーがモジュールをチェックインするたびにシステムのすべてのテスト（すべてのユニットテストとすべての受け入れテスト）を実行する。これについては「継続的インテグレーション」のところで詳しく説明する。

チーム全体

チーム全体のプラクティスは、最初は**オンサイト顧客**と呼ばれていた。これは、ユーザーとプログラマーの距離が縮まれば、コミュニケーションが改善され、開発が速くて正確になるというものだった。**顧客**とは、ユーザーのニーズを理解しており、開発チームと一緒にいる人やグループのメタファーである。理想的には、顧客は開発チームの部屋に同席するものだった。

スクラムでは、顧客は**プロダクトオーナー**と呼ばれている。プロダクトオーナーは、ストーリーを選択し、優先順位を設定し、フィードバックを即時に提供する人（やグループ）のことである。

このプラクティスが**チーム全体**という名前になったのは、開発チームが顧客とプログラマーだけではないことを明らかにするためだった。開発チームには、マネージャー、テスター、テクニカルライターなど、さまざまな役割がある。このプラクティスの目的は、これらの役割の物理的距離を最小限にすることだ。すべてのメンバーが同じ部屋にいるのが理想である。

チーム全体をひとつの部屋に集めれば、チームの能率は間違いなく最大になる。メンバーは迅速かつ最小限の手順でコミュニケーションできるだろう。数秒以内に質問できるし、数秒以

9　自動化はプログラマーのやることだから！

内に質問に答えることもできる。答えを知っている専門家が、常にそばにいるのだから。

　さらにはセレンディピティの機会も増える。プログラマーやテスターと同席している顧客は、画面のなかに正常には見えないものを発見するだろう。プログラマーのペアと同席しているテスターは、間違った結論に達しそうな要求の話し合いを耳にするだろう。こうした偶発的なシナジーを過小評価してはいけない。**チーム全体**が同じスペースにいれば、きっと魔法が起きるはずだ。

　このプラクティスがチームプラクティスではなく、**ビジネス**プラクティスであることに注目してほしい。**チーム全体**のプラクティスの主な効果は、ビジネスに影響するからだ。

　チームが同じ場所にいれば、ビジネスは格段にスムーズになる。

同じ場所

　2000年代初頭、私はいくつかの組織にアジャイル手法を導入した。本格的なコーチングを始める前に、チームの部屋を用意してもらった。そして、そこにチームメンバー全員を集めた。ただ同じ場所にいるだけなのに、チームの能率が劇的に向上したと顧客から何度も報告があった。

同じ場所の代替案

　1990年代、インターネットのおかげで、労働コストが低い国の膨大なプログラミング労働力が利用可能になった。こうした労働力を活用する誘惑は圧倒的だった。コスト管理担当者たちは目を輝かせ、節約できるはずだと試算した。

　だが、この夢は誰もが思っていたほどうまくはいかなかった。海外からソースコードを送信してもらうことと、顧客とプログラマーが同じ場所にいるチームを持つことは、完全に同義ではないことが明らかになった。距離、タイムゾーン、言語、文化の違いは、やはり大きなものだった。コミュニケーションのミスが蔓延していた。品質は著しく低下し、手直しが急増していた[10]。

　それ以降、テクノロジーは多少は改善された。今ではデータのスループットは高まり、日常的なビデオチャットや画面共有も可能になった。地球の反対側にいる2人の開発者が、まるで隣同士に座っているかのように、同じコードをペアで開発できるようになった（まだ完ぺきではないが）。もちろん、タイムゾーン、言語、文化の違いを解決できるわけではない。だが、メールでソースコードをやり取りするよりも、電子的なフェイスツーフェイスのコーディングのほうが確かに望ましい方法である。

　アジャイルチームにこの方法ができるのだろうか？　できるという話は聞いているが、私は

10　実際に被害を受けた仲間と話したときの私の印象である。裏付けとなるデータが存在するわけではない。自己責任で受け止めてほしい。

成功しているところを見たことがない。だが、うまくやっているところもあるだろう。

家からリモートで仕事する

インターネットの帯域幅が広くなり、家で仕事をすることが簡単になった。言語、タイムゾーン、文化の違いは、大きな問題ではない。さらには、海を越えた通信の遅れもない。チームのミーティングは、まるでみんなが同じ場所にいるかのように、全員の生活リズムが同期しているかのように行われる。

誤解しないでほしい。チームメンバーが家から仕事をすると、非言語的コミュニケーションが大きく損なわれる。偶発的な会話も発生しづらい。電子的に接続されていても、チームは同じスペースにいるわけではない。これは明らかに不利だ。同じスペースにいれば、会話や即席のミーティングなどが常に行われる。家で仕事をしているとそれらが失われる。帯域幅が広くなったことは楽しいかもしれないが、同じ場所で働いている人たちと比べると、のぞき穴からコミュニケーションしているようなものである。

メンバーのほとんどが同じ場所にいて、1〜2人が週に1〜2日ほど家で仕事をするチームであれば、大きな障害を感じることはないだろう。高帯域幅の優れたリモートコミュニケーションツールを使用しているならなおさらである。

一方、ほとんどのメンバーが家で仕事をしているチームは、同じ場所にいるチームと同じように機能することはない。

誤解しないでほしい。90年代初期、パートナーのジム・ニューカークと私は、同じ場所にいないチームをうまくマネジメントした経験がある。メンバーが直接会うのは、多くても年に2回ほどだった。なかにはタイムゾーンが違うメンバーもいた。とはいえ、我々は同じ言語を使い、同じ文化を共有しており、タイムゾーンが違うといっても2時間以上離れることはなかった。だからうまくやれたのだろう。非常にうまくやれた。だが、同じ部屋にいることができたなら、もっとうまくやれたはずだ。

結論

2001年のスノーバードでケント・ベックは、我々の目標はビジネスと開発の分断を修復することであると述べた。ビジネス向けのプラクティスは、この目標を達成するために大きな役割を果たしている。これらのプラクティスを守ることで、ビジネスと開発はシンプルで明確なコミュニケーションの方法を入手できる。こうしたコミュニケーションが信頼を生み出すのである。

チームプラクティス

　ロン・ジェフリーズの「サークルオブライフ」の中間には、アジャイルのチームプラクティスがある。これは、チームメンバー同士や構築しているプロダクトとの関係を示したものだ。ここでは「メタファー」「持続可能なペース」「共同所有」「継続的インテグレーション」について説明する。

　それから、**スタンドアップミーティング**についても簡単に説明する。

メタファー

　アジャイルマニフェストに署名した前後の数年間は、**メタファー**のプラクティスはあまり居心地のいいものではなかった。うまく説明できなかったからだ。重要であることはわかっていた。成功例を示すこともできた。だが、それが何を意味するのかを説明することができなかった。講演・研修・講義では「使うようになればきっとわかる」とお茶を濁していた。

　チームが効果的にコミュニケーションするためには、制約と規律を持つ用語や概念が必要で

ある。ケント・ベックがプロジェクトをチームの共通知識と関連付けたことから、これを**メタファー**と呼ぶようになった。

ベックのメタファーは、クライスラー社の給与支払いプロジェクト（C3 プロジェクト）[1]で使用されたものだ。彼は給与小切手の構築を「組立ライン」と関連付けた。「作業ステーション」を移動させながら、給与小切手に「部品」を取り付けていくのである。まずは、空白の給与小切手を「ID ステーション」に移動させ、従業員の ID を取り付ける。次に「支払いステーション」に移動させ、給与総額を取り付ける。次に「税金ステーション」に移動させ、「社会保険ステーション」に移動させ、「医療保険ステーション」に移動させ……。このように進んでいく。

プログラマーも顧客も、このメタファーを給与小切手の構築プロセスにうまく当てはめていた。システムについて語るときの語彙になっていた。

だが、メタファーは間違えることも多い。

たとえば、私は 80 年代後半に T1 通信ネットワークの品質を測定するプロジェクトに関わっていた。各 T1 回線のエンドポイントからエラー数をダウンロードするというものだ。データは 30 分のスライスで収集されていた。これらのスライスは、加工が必要な生データだった。「スライス」と言えばパンである。パンを加工するものと言えば「トースター」である。そこからパンのメタファーを使うようになった。「スライス」「パン粉」「ローフ」などを用意した。

これらの語彙はプログラマーには通じた。「生のスライス」や「トーストしたスライス」などの表現を使いながら、お互いに話し合うことができた。一方、我々の会話を聞いていたマネージャーや顧客たちは、頭を振りながら部屋から出ていった。彼らにしてみれば、我々がナンセンスな話をしているように見えたのだろう。

もっと悪い例を挙げよう。70 年代初期にタイムシェアリングシステムを開発していたときのことだ。メモリ空間が限られていたので、アプリケーションをスワップするようにしていた。アプリケーションは、メモリを占有したときにテレタイプに送信するテキストのバッファをロードする。バッファがいっぱいになるとスリープ状態になり、ディスクにスワップアウトされる。その間にバッファがゆっくりと空になっていく。我々はバッファのことを「ゴミ収集車」と呼んでいた。ゴミの生産者とゴミ捨て場を行き来するからだ。

我々は頭がいいと思った。メタファーの「ゴミ」を使うたびに笑った。顧客のことを「ゴミの商人」とまで呼んでいた。このメタファーは我々のコミュニケーションには有効だったが、お金を支払ってくれる人たちに対する敬意を欠いていた。このメタファーを彼らと共有することはなかった。

1　https://en.wikipedia.org/wiki/Chrysler_Comprehensive_Compensation_System

　上記の例は、**メタファー**の利点と欠点の両方を示している。メタファーは、チームのコミュニケーションを効率化する語彙を提供してくれる。だが、顧客に不快感を与えるほど問題のあるメタファーも存在する。

ドメイン駆動設計

　革新的な著書『エリック・エヴァンスのドメイン駆動設計』（翔泳社）[2]において、エリック・エヴァンスはメタファーの問題を解決し、我々の居心地の悪さを排除してくれた。彼はこの本のなかで**ユビキタス言語**という用語を作った。これは**メタファー**のプラクティスに与えられるべき名前だった。チームに必要なのは問題領域のモデルであり、それを全員が合意した語彙で記述するのである。ここでいう「全員」とは、プログラマー、QA、マネージャー、顧客、ユーザーを含めた、**全員**である。

　1970 年代、トム・デマルコはこうしたモデルを**データディクショナリ**と呼んだ[3]。これは、アプリケーションから操作する「データ」と、データを操作する「プロセス」をシンプルに可視化したものである。エヴァンスはこのシンプルなアイデアをドメインのモデリングの分野にまで拡大させた。デマルコとエヴァンスは、すべてのステークホルダーとのコミュニケーションを可能にするために、これらのモデルを「乗り物」として使ったのである。

　簡単な例として、私が最近書いた「SpaceWar」というビデオゲームを取り上げよう。データの要素は「宇宙船」「クリンゴン」「ロミュラン」「命中」「爆破」「基地」「輸送」などだ。私はこれらの概念を注意深くモジュールに切り出した。そして、アプリケーションではこれらの名前のみを使うようにした。こうした名前が私の「ユビキタス言語」である。

　ユビキタス言語は、プロジェクトのあらゆるところで使用される。ビジネスでも使用する。開発者も使用する。QA も使用する。運用や DevOps でも使用する。顧客が部分的に使用することもある。ビジネスケース、要求、設計、アーキテクチャ、受け入れテストなどをサポートしている。すべてのライフサイクルにおいて、プロジェクト全体をひとつに結び付けている[4]。

2　Evans, E. 2003. *Domain-Driven Design: Tackling Complexity in the Heart of Software*. Boston, MA: Addison-Wesley.

3　DeMarco, T. 1979. *Structured Analysis and System Specification*. Upper Saddle River, NJ: Yourdon Press. （邦訳：『構造化分析とシステム仕様』日経 BP）

4　「ありとあらゆる生き物が作り出すエネルギー場のことさ。わしらの周りに常に存在し、銀河全体をひとつに結び付けている」——ジョージ・ルーカス（1979）「スター・ウォーズ エピソード４／新たなる希望」（ルーカスフィルム）より

持続可能なペース

> 「必ずしも速い者が競走に勝つのではなく……」
> ——伝道の書 9:11

> 「しかし、最後まで耐え忍ぶ者は救われる。」
> ——マタイの福音書 24:13

　神は 7 日目に休息された。そして、7 日目に休息することを命じられた。神でさえも**持続可能なペース**で働く必要があるわけだ。

　70 年代初期、私は 18 歳だった。高校の友達と一緒にプログラマーとして雇われ、**非常に重要な**プロジェクトに関わることになった。**マネージャーは納期**を設定した。納期は**絶対**だった。我々の仕事は**重要だったわけだ！**　組織という機械の**重要な歯車**になった。**我々は重要だったのだ！**

　18 歳にはもったいないくらいだ。

　高校を出たばかりの男子が、自分にできる限りの努力をした。何か月も何か月も何か月も、何時間も何時間も何時間も働いた。週の平均勤務時間は 60 時間だった。80 時間を超える週もあった。何度も徹夜を繰り返した！

　徹夜する自分たちのことを**誇り**に思っていた。これが本物のプログラマーだと思っていた。我々は**献身的**だ。我々には**価値がある**。なんたって**重要なプロジェクトを我々が救済している**のだから。これが**プログラマー**だ。

　そして、我々は燃え尽きた。**激しく燃え尽きた**。あまりにも激しすぎたので、**みんなで**仕事を辞めることにした。ほとんど機能しないタイムシェアリングシステムを残したまま会社を飛び出した。システムをサポートできる有能なプログラマーは残されていなかった。**ざまあみろ！**

　18 歳ならキレても仕方ないだろう。

　だが、安心してほしい。その会社はうまく切り抜けることができた。有能なプログラマーは我々だけではなかった。週に 40 時間だけ働く人たちがいたのである。我々が「献身的ではない怠惰な人たち」とバカにしていた人たちだ。彼らが黙って手綱を握り、システムをうまく持続させたのである。騒がしい子どもたちがいなくなって、きっと喜んでいたことだろう。

残業

この経験から私が何を学んだのだろうか。もちろん、何も学ばなかった。その後の 20 年以上、私は従業員たちのために長時間働き続けた。**重要なプロジェクトの罠**にハマり続けた。だが、18 歳のときのようなクレイジーな働き方ではない。週の平均勤務時間は 50 時間近くまで減っていた。徹夜もほとんどしなくなった。だが、あとで説明するが、完全になくなったわけでもなかった。

それから私も成長したが、私の技術的な過ちは、深夜の熱狂的な時間帯に作られていることがわかった。こうした過ちは私の大きな障害物であり、きちんと目が覚めている時間に継続的に対応していく必要があると気づいた。

自分のやり方を考え直すきっかけとなった出来事がある。将来のビジネスパートナーであるジム・ニューカークと一緒に徹夜していたときのことだ。午前 2 時をまわった頃だろうか。システムの実行チェーンのはるか上のほうから、低レベルなところにあるデータを取得する必要があった。スタックにデータを戻すことはできなかった。

以前、このプロダクトに「メール」転送システムを構築したことがあった。それは**プロセス間**で情報を送信するためのものだった。カフェインが静脈をかけめぐり、すべての能力が最高の状態になった午前 2 時。低レベルなところから自分自身にメールでデータを送信すれば、高レベルなところからフェッチできることを突然ひらめいた。

30 年以上たった今でもジムと私は、誰かの不幸な決定を「あーあ、それじゃあ自分自身にメールを送信するようなもんだ」と言っている。

なぜその決定がひどかったのかを詳しく説明するつもりはない。みなさんをうんざりさせたくないからだ。あえて言うなら、節約できると思っていた労力の何倍ものコストがかかってしまったのである。さらには、システムを元に戻せなくなり、我々は立ち往生するしかなかった[5]。

マラソン

そのときにソフトウェアプロジェクトはスプリント（短距離走）の連続ではなく、マラソン（長距離走）であることを学んだ。勝つためには自分のペースを保つ必要がある。スタートダッシュして全速力で走っていると、ゴールラインのはるか手前で力尽きてしまうだろう。

したがって、長期にわたって持続できるペースで走らなければいけない。**持続可能なペース**で進む必要がある。持続できるペースよりも速く走ってしまえば、ゴールラインの手前でスローダウンして、座り込むことになるだろう。結局、平均速度は持続可能なペースよりも遅くなる。

---

5 これは私が TDD を学ぶ 10 年前のことだ。あのときジムと私が TDD を実践していたら、変更を簡単に取り消すことができただろう。

ゴールラインが近づいたときに残ったエネルギーでスプリントするのは構わない。だが、それよりも前にスプリントすべきではない。

マネージャーから速く走れと言われることもあるだろうが、絶対に従わないでほしい。最後まで持ちこたえられるように、自分のリソースをうまく節約するのはあなたの仕事である。

献身

残業したからといって、雇用主に献身的であることを示したことにはならない。あなたが計画できない人であり、合意すべきではない納期に合意した人であり、守れない約束をした人であり、専門家ではなく従順な労働者であることを示すだけだ。

すべての残業が悪いというわけではない。絶対に残業をしてはいけないということでもない。残業せざるを得ない状況もあるだろう。だがそれは、非常時に限られる。残業によってスケジュールが短縮されるよりも、残業にかかるコストのほうが大きくなりやすいことを**意識すべきである**。

数十年前にジムと一緒に過ごした徹夜は、私の最後の徹夜ではなかった。最後から２番目だった。最後の徹夜は、どうしても避けられない非常時だった。

それは 1995 年のことだ。最初の著書が出版されることになり、私は校正にかかりっきりになっていた。納期の前日の午後６時にすべての準備が整った。あとは FTP で出版社に送るだけだ。

そのとき、図の解像度を**２倍**にする方法を偶然発見してしまった。その本には図が何百もあった。FTP でファイルを送信する前に、校正を手伝ってくれていたジムとジェニファーに改良した解像度のサンプルを見せた。

我々はお互いに顔を見合わせた。そして、大きなため息をついた。ジムが「すべてやり直しか」と言った。それは質問の言葉ではなかった。事実を宣言したのである。我々はお互いに顔を見合わせた。そして、時計を見た。再びお互いに顔を見合わせた。そして、作業に取り掛かった。

徹夜したおかげで、すべてを**終わらせる**ことができた。無事に原稿を送信することができた。そして、我々は眠りについた。

睡眠

プログラマーの生活で最も重要なのは十分な睡眠である。私は７時間寝ると調子がいい。１〜２日なら６時間でも我慢できる。それよりも短いと生産性が大きく落ちる。自分の身体が必要とする睡眠時間を把握して、その時間を優先させよう。その見返りは大きい。私の感覚で言うと、睡眠が１時間不足すると、昼間の仕事が２時間余計にかかる。２時間不足すると、４時間余計にかかる。３時間不足すると、生産的な仕事はまったくできない。

共同所有

　アジャイルプロジェクトでは誰もコードを所有していない。コードはチーム全体で所有している。チームの誰もが、すべてのモジュールをいつでもチェックアウトして改善できる。チームがコードを**共同**で所有しているのである。

　私はキャリアの早い段階で**共同所有**を学んだ。Teradyne 社で働いていたときのことだ。当時、数百のモジュールに分割された5万行のコードの大規模システムを担当していた。だが、これらのモジュールを所有している者は誰もいなかった。チーム全員ですべてのモジュールを学習し、すべてのモジュールを改善するようにしていたのだ。特定の部分に精通している者もいたが、そこを集中的に担当するのではなく、できるだけ経験を広げるようにしていた。

　そのシステムは、初期の分散型ネットワークだった。中央コンピューターが世界中に分散した数十台のサテライトコンピューターと 300 ボーのモデム回線で通信していた。中央コンピューターとサテライトコンピューターの担当は分かれていなかった。全員が両方のソフトウェアを開発していたのである。

　2種類のコンピューターのアーキテクチャは違うものだった。ひとつは PDP-8 によく似ていたが、18 ビットワードだった。256K の RAM があり、磁気テープカートリッジからロードするものだった。もうひとつは 8085 の 8 ビットマイクロプロセッサーで、32K の RAM と 32K の ROM があった。

　我々はこれらをアセンブラでプログラミングした。アセンブリ言語も開発環境も大きく違っていたが、全員がどちらも同じように快適に扱っていた。

　共同所有は専門性を否定するものではない。システムが複雑になると、専門性は絶対に必要になる。概要も詳細も理解できないシステムは存在する。専門性を高めるにしても、全体を把握する必要があるはずだ。自分の専門分野とその他の分野のコードを分割しよう。そして、自分の専門分野の外側で働ける能力を維持してほしい。

　チームが**共同所有**を実践すれば、知識がチーム全体に広がる。チームメンバーはモジュールの境界を理解できるようになる。また、システム全体の振る舞いも理解できるようになる。このようにすることで、チームにおけるコミュニケーションや意思決定の能力が大幅に向上する。

　長いキャリアのなかで、私は**共同所有**の反対を実践している企業をいくつか見たことがある。プログラマーが特定のモジュールを所有しており、他の誰も触れないようになっている。チームには責任追及やミスコミュニケーションが蔓延し、機能不全に陥っている。作者が作業していないと、モジュールの進捗は止まったままだ。他人の所有物に手を出そうとする者がいないのである。

X-ファイル

　特に悪質だったのは、ハイエンドプリンターを作っている X 社のケースだ。1990 年代、同社はハードウェア中心からハードウェアとソフトウェアの統合に移行していた。ソフトウェアでマシンの内部動作を制御すれば、製造コストを大幅に削減できることに気づいたのだ。

　だが、ハードウェア中心が深く根づいていたため、ソフトウェアグループもハードウェアと同じ境界で分割されていた。ハードウェアチームはデバイスごとに組織されており、フィーダー、プリンター、スタッカー、ステープラーごとにハードウェアチームがあった。ソフトウェアも同じだった。つまり、あるチームがフィーダー用の制御ソフトを開発し、別のチームがステープラー用の制御ソフトを開発していたのである。

　X 社では、政治的影響力は担当するデバイスによって決まっていた。X 社はプリンターの会社だったので、プリンターを担当するところが一番強かった。プリンターのハードウェアエンジニアは、プリンターを担当するまで出世してきたのである。一方、ステープラーのエンジニアに影響力はなかった。

　奇妙なことに、この政治的階級システムがソフトウェアチームにも適用されていた。スタッカーのコードの開発者は、政治的には無力だった。一方、プリンターのコードの開発者が会議で発言すると、誰もが注意深く耳を傾けた。こうした政治的分断があるため、誰もコードを共有しなかった。プリンターチームの政治的影響力は、プリンターのコードに起因するものだったからだ。したがって、プリンターのコードは秘密にされていた。プリンターチーム以外は、誰もコードを見ることができなかった。

　このことが引き起こす問題は大量にある。使用しているコードを閲覧できなければ、コミュニケーションが難しくなるのは当たり前だ。必然的に責任追及やミスコミュニケーションも発生するようになる。

　それよりも最悪だったのはコードの重複だ。本当にくだらない。フィーダー、プリンター、スタッカー、ステープラーの制御ソフトウェアは、ほとんど差がないことがわかっていた。いずれも外部入力と内部センサーの情報にもとづいて、モーター、リレー、ソレノイド、クラッチを制御するだけだった。モジュールの内部構造も基本的に同じだった。だが、政治的なもめごとを避けるために、各チームが独自に車輪の再発明をする必要があった。

　ソフトウェアをハードウェアと同じ境界で分割する意味がわからない。このソフトウェアシステムでは、プリンターの制御ソフトウェアから独立したフィーダーの制御ソフトウェアなど必要ないからだ。

　こうした人的資源の浪費は、感情的な不安や敵対的な態度はもちろん、非常に不快な環境も生み出していた。このような環境が（少なくとも部分的には）同社の破綻につながったものと私は確信している。

継続的インテグレーション

　アジャイルの初期の**継続的インテグレーション**とは、開発者が「数時間ごと」にソースコードの変更をチェックインして、メインラインとマージすることだった[6]。すべてのユニットテストと受け入れテストをパスさせる。統合していないフィーチャーブランチを残してはいけない。デプロイ時にアクティブであってはいけない変更はトグルで処理しておく。

　2000 年に「XP Immersion」の研修で、受講生が典型的な罠にハマってしまったことがある。この研修は集中講義だった。サイクルを短縮して、イテレーションを 1 日にしていた。したがって、継続的インテグレーションのサイクルも 15～30 分だった。

　問題の受講生は、6 人のチームで作業していた。他の 5 人は頻繁にチェックインしていた（彼は何らかの理由でペアで作業をしていなかった——察してほしい）。問題の受講生は、自分のコードを 1 時間以上も統合していなかった。

　ようやく変更をチェックインして統合しようとすると、すでに他の変更が積み重なっており、マージに時間がかかることがわかった。彼がマージに対応しているあいだにも、他のプログラマーが引き続き 15 分ごとに変更をチェックインしている。マージが完了して、あらためてチェックインしようとしたところ、さらにマージが必要であることが判明した。

　彼はこのことに不満を抱き、途中で立ち上がり、大きな声で「XP はクソだ」と叫んだ。そして、部屋を飛び出して、ホテルのバーへ向かった。

　そこから奇跡が起きた。彼が拒否していたペアのパートナーが、彼を追いかけて説得を始めたのである。また、別のペアが作業の優先順位を見直して、マージを完了させ、プロジェクトを軌道修正した。30 分後、彼は落ち着きを取り戻し、部屋に戻って謝罪した。そして、作業を再開した。今度はペアになって作業した。その後、彼はアジャイル開発の熱烈な支持者になった。

　ここでのポイントは、継続的インテグレーションは継続的に統合している場合にのみ有効であるということだ。

そして継続的ビルドへ

　2001 年、ThoughtWorks 社がゲームを大きく変えた。**CruiseControl**[7]という最初の**継続的ビルドツール**を開発したのである。2001 年の「XP Immersion」で、マイク・トゥー[8]が深夜の講義をしてくれたことを覚えている。録音していたわけではないが、だいたい以下のような話だった。

6　Beck, K. 1999. *Extreme Programming Explained: Embrace Change*. Boston, MA: Addison-Wesley, p. 97.

7　https://en.wikipedia.org/wiki/CruiseControl

8　http://wiki.c2.com/?MikeTwo

　　CruiseControl により、チェックインの時間が数分程度に短縮されます。かなり小さな変更であっても、すぐにメインラインに統合されます。CruiseControl はソースコード管理システムを監視して、チェックインがあるたびにビルドをキックします。ビルドの一環として、システムの自動テストの大部分を実行します。そして、その結果をチームの全員にメールで送信します。

　　ボブ、ビルドを壊してみて。

　　ビルドを壊したときの簡単なルールを用意しています。ビルドを壊した日は「私がビルドを壊しました」と書かれた T シャツを着なければいけません。なお、この T シャツは一度も洗濯されていません。

　それ以降、多くの継続的ビルドツールが開発された。たとえば、Jenkins（Hudson だったもの？）、Bamboo、TeamCity などがある。これらのツールを使えば、統合と統合の時間間隔を最短にできる。もともとケントが言っていた「数時間ごと」は「数分ごと」に置き換えられた。継続的インテグレーションは「継続的チェックイン」となったのである。

継続的ビルドの規律

　継続的ビルドは**絶対**に壊してはいけない。マイク・トゥーの汚い T シャツを着たくないので、プログラマーはコードをチェックインする前に、すべての受け入れテストとすべてのユニットテストを実行する（当たり前だ！）。ビルドが壊れるようになると、不思議なことが起きる。

　マイク・トゥーも講義でこのことを指摘していた。彼は、部屋の壁の目立つところにあるカレンダーについて説明した。それはとても大きなカレンダーで、一年間の日付が四角形で囲まれていた。

　ビルドが一度でも失敗した日には赤いドットが貼られていた。ビルドが失敗しなかった日には緑のドットが貼られていた。1〜2 か月もすると、赤いドットばかりだったカレンダーが、緑のドットの多いカレンダーになっていたのである。

緊急事態

　繰り返しになるが、継続的ビルドは絶対に壊してはいけない。ビルドが壊れたら**緊急事態**である。サイレンを鳴らしたいほどだ。CEO のオフィスにある大きな赤いライトを回転させたい。ビルドが壊れたら**重大事件**である。すべてのプログラマーは作業を中断してビルドのまわりに集まり、すぐにビルドを復旧してほしい。チームの標語を「**ビルドを絶対に壊すな**」にしよう。

不正行為のコスト

　納期のプレッシャーから、継続的ビルドを失敗させたままにするチームがある。これは自滅的な行為だ。そして、継続的ビルドサーバーからの失敗メールが多すぎることが我慢できなく

なり、「あとで」修正すると言いながら、失敗しているテストをすべて削除してしまう。

ビルドサーバーは、再び成功メールを送ることになる。これで安心だ。ビルドは成功している。だが、「あとで」修正するつもりだったテストのことはみんな忘れている。そして、壊れたシステムがデプロイされる。

スタンドアップミーティング

「デイリースクラム」や「スタンドアップミーティング」については、長年かなりの混乱があった。ここですべての混乱を解消したい。

以下は、すべてスタンドアップミーティングに当てはまる。

- このミーティングは任意である。多くのチームがこのミーティングなしでもうまくやっている。
- 毎日より頻度が低くても構わない。自分たちにとって意味のあるスケジュールを選択してほしい。
- 大規模なチームであっても 10 分以内に収めるべきである。
- このミーティングはシンプルなやり方に従っている。

基本的な考え方は、チームメンバーがみんなで輪になって立ち[9]、以下の 3 つの質問に答えるというものだ。

1. 前回のミーティングから何をしたのか？
2. 次回のミーティングまでに何をするのか？
3. 何か邪魔になっているものはあるか？

それだけだ。以上。本当だ。これ以上の説明はない。家は寒くないし、やましい考えもない。ジャンとジョアンと誰かを知っている人のことなんかに不満はない[10]。3 つの質問に答えるだけなら、1 人 30 秒もあれば終わるだろう。ミーティングが終わったら全員が仕事に戻る。終了。フィニート、カピーシュ？（イタリア語で「おしまい、わかった？」）

---

9 だから「スタンドアップ」ミーティングと呼ぶ。
10 訳注：Santana の「Evil Ways」の歌詞を意識しているようだ。

スタンドアップミーティングの最も適切な説明は、ウォードの Wiki（`http://wiki.c2.com/?StandUpMeeting`）にあるものだろう[11]。

豚か鶏か？

「豚と鶏」の物語はここでは説明しない[12]。興味があれば脚注を見てほしい[13]。つまりこれは、スタンドアップミーティングで話をするのは開発者だけということだ。マネージャーやその他の人たちが参加しても構わないが、ミーティングに介入すべきではない。

全員が 3 つの質問に答え、ミーティングが 10 分以内に収まるのであれば、誰かが長く話したとしても、私は別に気にしない。

シャウトアウト

これまでに私がやってよかったと思った変更は、4 番目に任意の質問を追加することである。

● 誰に感謝したいか？

これは、あなたを手伝ってくれた人や称賛に値する行動をした人に、手短に感謝を述べるものである。

結論

アジャイルとは、小さなチームが小さなソフトウェアプロジェクトを構築するための原則、プラクティス、規律の集合である。本章で説明したプラクティスは、小さなチームが「本物のチーム」として振る舞うためのものだ。プラクティスを利用することで、チームはコミュニケーションで使える言語を設定できる。また、チームメンバーがお互いの振る舞いに対する期待や、関わっているプロジェクトに対する期待を設定できる。

11　訳注：残念ながら閲覧できなかったが、おそらく同じ内容のものが `http://c2.fed.wiki.org/view/topic-based-subsets/view/methodology-subsets/extreme.sfw.c2.com/extreme-programming/extreme.sfw.c2.com/stand-up-meeting` で読めるようだ。

12　訳注：評判がよくないため、現在ではあまり参照されない。

13　`https://en.wikipedia.org/wiki/The_Chicken_and_the_Pig`

テクニカルプラクティス  第5章

　本章で紹介するプラクティスは、過去70年間にプログラマーたちが実践してきた振る舞いからの決別だ。分単位や秒単位の儀式的な振る舞いを強制するものだ。ほとんどのプログラマーは、最初はアホらしいと思うだろう。そのため、これらのプラクティスなしでアジャイルを始めようとしてしまう。だが、その試みは失敗する。これらのプラクティスこそがアジャイルの核心だからだ。「TDD」「リファクタリング」「シンプルな設計」そしてもちろん「ペアプログラミング」。これらがなければ、アジャイルは本来意図されたものではない、骨抜きにされた役立たずなものになってしまうだろう。

テスト駆動開発

　テスト駆動開発（TDD） は、本一冊が必要になるほど情報量の多い複雑なテーマである。本章では、技術的な側面よりも、TDD の理由や動機などの概要について説明したい。したがって、本章ではコードを示すことはしない。

　プログラマーという職業は独特である。技術的で難解な記号を使い、膨大なドキュメントを生み出している。ドキュメントに記されたすべての記号は正確でなければいけない。そうしないと本当にひどいことが起きる。たったひとつの記号の間違いが、財産や生命を脅かす可能性がある。他にこのような職業はあるだろうか？

　会計士はどうか。会計士は技術的で難解な記号を使い、膨大なドキュメントを生み出している。ドキュメントに記されたすべての記号は正確でなければいけない。そうしないと財産が（場合によっては生命も）失われる可能性がある。会計士はどのようにして記号が正しいことを担保しているのだろうか？

複式簿記

　会計士には 1000 年前に発明された規律がある。これは**複式簿記**と呼ばれる[1]。帳簿に記入する取引は、必ず 2 回記入する。1 回目は勘定科目を貸方に、2 回目は対になる勘定科目を借方に記入する。これらの勘定科目が最終的にひとつの帳簿に流れ込む。それを**貸借対照表**と呼ぶ。これは資産から負債と株主資本の合計を差し引いたものであり、その差額はゼロにならなければいけない。ゼロでなければ、何らかのエラーが発生していることになる[2]。

　会計を学び始めたときは、取引を入力するたびに差引勘定を計算するように教えられる。そうすることで、エラーをすばやく捕捉できるからだ。差引勘定をチェックする前に、複数の取引を入力することは**回避する**ように教えられる。エラーを発見するのが難しくなるからだ。このプラクティスは適切な会計処理に不可欠であるため、世界のほぼすべての地域の**法律**になっている。

　テスト駆動開発は、それに対応するプログラマーのためのプラクティスである。必要となる振る舞いは、必ず 2 回入力する。1 回目はテスト、2 回目はそのテストをパスさせるコードだ。この 2 つの入力は、貸借対照表と同じように対になっている。両者を一緒に実行すると、結果はゼロになる。つまり、失敗したテストがゼロということだ。

　TDD を学び始めたときは、振る舞いをひとつずつ入力するように教えられる。最初は失敗するテストを入力し、次にそのテストをパスさせるコードを入力する。そうすることでエラーをすばやくキャッチできる。テストを追加する前に、大量のコードを書くことは**回避する**ように教えられる。エラーを発見するのが難しくなるからだ。

　複式簿記も TDD も同じである。どちらも同じ機能を持っている。それは、すべての記号が正しくあるべき重要なドキュメントのエラーを防ぐというものだ。社会においてプログラミン

1　https://en.wikipedia.org/wiki/Double-entry_bookkeeping
2　会計を学んだことがあれば、私の説明に憤慨していることだろう。そう、これはかなり簡略化した説明だ。TDD についても簡単にしか説明していないので、プログラマーたちは憤慨するだろう。

グが欠かせない存在になったにもかかわらず、今でも TDD に法的効力はない。貧弱なソフトウェアによって財産や生命が失われていることを考えれば、法律となるのはそう遠くないのではないだろうか？

TDDの 3つのルール

TDD は3つのシンプルなルールで記述できる。

- 失敗するテストを書くまではプロダクションコードを書いてはいけない（テストはコードの不足が原因で失敗する）。
- 失敗するテストを必要以上に書いてはいけない（コンパイルの失敗も失敗に含める）。
- プロダクションコードを必要以上に書いてはいけない（失敗しているテストをパスさせるためだけに書く）。

　数か月以上の経験を持つプログラマーは、これらのルールをバカげていると思わないにしても、かなり奇妙だと思うだろう。プログラミングのサイクルはおそらく5秒程度である。プログラマーはまだ存在しないプロダクションコードのテストを書くところから始める。テストのコンパイルはすぐに失敗するはずだ。まだ書かれていないプロダクションコードの要素を参照しているからだ。ここでテストを書くのをやめて、プロダクションコードを書き始めることになる。といっても、わずか数回ほどキーストロークしただけで、コンパイルに失敗していたテストがコンパイルできるようになる。ここからプログラマーはテストに戻り、テストを追加していくことになる。

　テストとプロダクションコードのサイクルは数秒程度であり、プログラマーはこのサイクルに組み込まれていくことになる。プログラマーは対になるテストを先に書いて中断してからでなければ、プロダクションコードを書くことはできない。関数だけでなく、簡単な if 文や while ループさえも書いてはいけない。

　ほとんどのプログラマーは、これでは思考プロセスが混乱すると思うだろう。3つのルールで絶え間なく作業が中断していると、書いているコードのことをうまく考えられなくなりそうだ。3つのルールがあると気が散って仕方ないと感じることだろう。

　3つのルールに従っているプログラマーの集団を想像してほしい。いつでも好きなときに、そこから好きなプログラマーを1人選んでほしい。そのプログラマーが作業していたところは、過去1分以内にすべてが実行され、さらにすべてのテストをパスしているはずだ。いつ選ぼうとも、誰を選ぼうとも、すべてが過去1分以内にきちんと動作しているのである。

デバッグ

　すべてが**必ず**過去 1 分以内に動作しているとしたらどうだろう？　デバッグにどのくらいかかるだろうか？　すべてが過去 1 分以内に動作していれば、遭遇した障害はおそらく過去 1 分以内に発生したものだろう。過去 1 分以内に発生した障害のデバッグは難しくないはずだ。わざわざデバッガーを起動して問題を発見する、といった大掛かりなことにはならない。

　デバッガーの操作は得意だろうか？　デバッガーのホットキーを覚えているだろうか？　ブレイクポイントの設定、シングルステップ実行、ステップイン、ステップオーバーの操作キーを身体が覚えているだろうか？　デバッグしているときに、対象とする要素のなかにいる気持ちになっているだろうか？　**これらは望ましいスキルではない。**

　デバッガーを使いこなすには、デバッガーを使う時間を増やす必要がある。デバッガーを使う時間が長いということは、常にバグが多いということだ。テスト駆動開発者は、デバッガーの操作が得意ではない。デバッガーを使う機会が少ないからだ。デバッガーを使うにしても、その時間は非常に短い。

　ただし、誤った印象を与えたくはない。最高のテスト駆動開発者であっても、難しいバグに遭遇することがある。あくまでもこれはソフトウェアであり、ソフトウェアは難しいからだ。だが、3 つのルールを実践することで、バグの発生率や重要度は大幅に減少する。

ドキュメンテーション

　サードパーティのパッケージを統合したことがあるだろうか？　おそらく、ソースコード、DLL、JAR ファイルなどが入った zip ファイルで提供されているはずだ。アーカイブには PDF ファイルも含まれていて、そこに統合の手順が書かれている。PDF の最後には、すべてのサンプルコードが書かれた読みづらい付録が載っているだろう。

　最初に読むのはどの部分だろうか？　プログラマーであれば、最後のサンプルコードから読むはずだ。コードは真実を伝えてくれるからだ。

　3 つのルールに従っていれば、作成したテストはシステム全体のサンプルコードになる。API の関数を呼び出す方法を知りたければ、その関数のあらゆる呼び出し方をしていて、あらゆる例外をキャッチしているテストがあるはずだ。オブジェクトの生成方法を知りたければ、あらゆる生成方法でオブジェクトを生成しているテストがあるはずだ。

　こうしたテストは、対象とするシステムを記述するドキュメンテーションの一種である。プログラマーが読みやすい言語で書かれている。それは、あいまいなところがなく、非常に形式的で、実行可能であり、アプリケーションのコードと常に同期している。テストはプログラマー

にとって**完ぺきな**ドキュメンテーションである。つまり、コードだ。

　だが、テストだけではシステムを構成できない。テストはお互いのことを知らない。つまり、テストに依存関係はない。それぞれのテストは、システムの部分的な振る舞いを記述する、小さくて独立したコードの単位である。

楽しさ

　あとからテストを書いたことがあれば、あまり楽しくないことを知っているだろう。コードの動作を知っているから楽しくないのである。おそらく手動でテストしたのだろう。誰かにやれと言われたので、仕方なくテストを書いたのだろう。単純な作業に思える。退屈だ。

　だが、3つのルールに従ってテストを先に書くと、楽しい。新しいテストはいつも挑戦である。テストにパスするたびに小さな成功となる。3つのルールに従った作業は、「小さな挑戦」と「小さな成功」の連鎖である。単純な作業ではない。物事を動かしているように感じられる。

完全性

　事後テストの話に戻ろう。すでに手動でテストしており、動作も知っているにもかかわらず、無理やりテストを書かされているという印象を持っている。テストをパスしても特に驚くことはなく、淡々とテストを進めている。

　そうすると必然的に、テストは書きづらいものになっていく。コードを書くときにテスト容易性については考えていないし、テストが可能なように設計してもいないからだ。こうしたコードに対してテストを書くときには、結合を排除したり、抽象化を導入したり、関数呼び出しや引数を再ルーティングしたりして、構造を変えることになるだろう。すでにコードの動作を知っている場合は、それがひどく大変な作業のように感じられる。

　スケジュールはタイトで、やるべきことも多い。だから、テストのことはできるだけ考えたくない。テストは不要だとか、あとで書こうとか、なんとか自分を納得させようとする。すると、テストスイートに穴があく。

　自分がテストスイートに穴をあけたのだから、他の人も同じだろうと疑うようになる。テストを実行してパスした様子を見ながら、笑ったり、にやけたり、バカにしたように手を振ったりする。テストスイートをパスしたからといって、システムが動作するわけではないことをわかっているからだ。

　このようなテストスイートをパスしても、判断できることは何もない。得られる情報は、**テストしていないところは壊れている**ということだけだ。テストスイートが不完全なので、何も選択肢が残されていない。一方、3つのルールに従えば、テストをパスさせるためにプロダク

ションコードのすべての行を書ける。そして、テストスイートは完全になる。このようなテストスイートをパスすれば、判断できるようになる。その判断とは、**デプロイ**だ。

　これがゴールだ。システムを安全にデプロイできることを知らせてくれる、そういう自動テストスイートを作りたい。

　繰り返しになるが、誤った印象を与えたくはない。3 つのルールによって完全なテストスイートができるが、これは「100%完全」ではない。3 つのルールに従うことが現実的ではない状況もあるからだ。そうした状況は本書の対象外だが、あくまでも限定的であることは伝えておこう。また、ある程度は軽減できる解決策も存在する。したがって、3 つのルールの熱心な支持者であっても、テストスイートが 100%完全になる可能性は低い。

　だが、デプロイを判断するために 100%完全である必要はない。90%台のカバレッジで十分だろう。このような完全性ならば、達成可能である。

　私はデプロイの判断ができるほど完全なテストスイートを作成してきた。また、同じことをしている人たちをこれまでに何度も見てきた。いずれの場合も完全性は 100%未満だったが、デプロイを判断するには十分だった。

警告

　テストカバレッジはチームの指標であり、マネジメントの指標ではない。マネージャーはこの指標が意味することを知らないだろう。**マネージャーはこの指標をゴールやターゲットに設定してはいけない**。チームが自分たちのテスト戦略を伝えるためだけに使用すべきである。

警告 2

　カバレッジが不十分でもビルドを失敗させてはいけない。そのようなことをすると、カバレッジを上げるためにアサーションを削除するようになる。コードカバレッジは複雑なトピックであり、コードとテストの深い知識がなければ理解できない。決してマネジメントの指標にしてはいけない。

▍設計

　事後のテストが難しい機能のことを覚えているだろうか？　事後のテストが難しいのは、テストでは実行しにくい振る舞いが存在するからだ。たとえば、X 線装置の起動や、データベースの行の削除といったものがある。テストしやすいように設計されていないため、このような

機能のテストは難しい。コードを先に書いて、あとからテストを書いているのであれば、コードを書くときにテスト容易性があまり考慮されていない。

これからテストしやすいようにコードを再設計する必要がある。だが、時計を見ると、テストに時間をかけすぎてしまった。手動のテストは終わり、動くことはわかっているので、テストスイートに穴を残したまま帰ることにした。

先にテストを書くようにすれば、まったく違ったことになる。テストが難しい機能を**書けなくなる**。先にテストを書いているので、テストしやすいように自然と機能を設計できる。どうすればテストしやすい機能になるのだろうか？　分離すればいい。実際、テスト容易性（testability）と分離（decoupling）は同義語である。

先にテストを書くことで、これまでは想像もしなかったやり方でシステムを分離できるようになる。システム全体がテスト可能になれば、システム全体が分離されるのである。

こうした理由から、TDD は設計手法と呼ばれることが多い。3 つのルールを使うことで、分離の度合を高めることが可能になる。

勇気

3 つのルールに従うことで、デバッグの軽減、優れた低レベルのドキュメンテーション、楽しさ、完全性、分離といった、さまざまな利点があることを紹介してきた。だが、これらは補助的な利点にすぎない。いずれも TDD を実践する本当の理由ではない。本当の理由とは「勇気」だ。

本書の冒頭で以下の話をしたが、ここで少しだけ繰り返そう。

画面で古いコードを見ているとしよう。とても汚い。「クリーンにしなきゃなあ」と自分に言い聞かせたが、次の瞬間に「でもオレは触ってないしな！」と思う。触ったら壊れてしまう。壊れたら自分のせいになってしまう。というわけで、コードをそのままにして、混乱を放置することにした。

これは恐怖反応だ。コードが怖いのだ。コードに触るのが怖いのだ。コードが壊れたときに自分に起きることが怖いのだ。だからコードを改善できなかった。クリーンにできなかった。

チームの全員がこのような行動をしていたら、コードは間違いなく腐敗する。誰もクリーンにしない。誰も改善しない。これから追加される機能は、プログラマーの直接的なリスクを最小化するように追加される。コードの設計や整合性が破綻するとしても、結合や重複が増加するだろう。そのほうが直接的なリスクの最小化につながるからだ。

コードはいずれ保守不可能な恐怖のスパゲティの塊になる。進捗はほとんどできない。見積りは指数関数的に増加する。マネージャーは必死になる。生産性を高めるためにプログラマーが増員されるが、生産性は一向に上がらない。

　最終的にマネージャーは観念して、システムをスクラッチから書き直すべきというプログラマーの要求をのむ。そして、同じサイクルが再び始まる。

　別のシナリオを想像してみよう。同じように画面に汚いコードが見える。「クリーンにしなきゃなあ」と思う。ここで、完全かつ信頼できるテストスイートがあればどうだろう？　テストスイートがすばやく実行できるとしたらどうだろう？　次に何を思うだろうか？　以下のようなことではないだろうか。

　えーと、これは変数名を変えたほうがよさそうだな。よし、テストがパスした。今度は大きな関数を小さな関数に分割しよう……よし、テストもパスした。さっきの関数のひとつは別のクラスに移動できそうだな……うぎゃー！　テストが失敗した。時を戻そう……。ああ、そうか、変数も一緒に移動しなきゃいけないんだ。よし、テストがパスした。

　完全なテストスイートがあると、コードを変更する恐怖がなくなる。コードを**クリーン**にする恐怖がなくなる。だから、コードをクリーンに**するようになる**。システムを整理して秩序を維持できるようになる。システムの設計を損なうことがない。チームの生産性を低下させ、最終的に失敗を招くような腐敗したスパゲティの塊を**作り出すことがない**。

　これが TDD を実践する本当の理由である。TDD を実践すれば、コードの秩序を保ち、クリーンにする勇気を与えてくれる。プロとして振る舞う勇気を与えてくれる。

リファクタリング

　リファクタリングも説明するのに一冊の本が必要になるトピックだ。ありがたいことにマーチン・ファウラーがすばらしい本を書いている[3]。本章では、特定の手法ではなく、リファクタリングがどのようなものかを説明したい。繰り返しになるが、本章にはコードは含まれていない。

　リファクタリングとは「テストで定義された振る舞いを保ちつつ、コードの内部構造を**改善する**」プラクティスである。言い換えれば、テストを壊すことなく、名前、クラス、関数、式を変更することだ。振る舞いを変更することなく、システムの構造を改善するのである。

　もちろんこれは TDD と強く結び付いている。恐怖を感じずにコードをリファクタリングするには、何も壊さないという強い自信を持たせてくれるテストスイートが必要になる。

　リファクタリングによる変更は、ちょっとしたコスメティックな（見た目の）修正から大幅な再構成まで、さまざまな種類がある。名前の変更といった簡単なものもあれば、switch 文を

3　Fowler, M. 2019. *Refactoring: Improving the Design of Existing Code*, 2nd ed. Boston, MA: Addison-Wesley.（邦訳：『リファクタリング（第 2 版）』オーム社）

ポリモーフィズムのディスパッチに再構成する複雑なものもある。あるいは、大きな関数を適切な名前のついた小さな関数に分割する。引数のリストをオブジェクトに変更する。メソッドの多いクラスを複数の小さなクラスに分割する。あるクラスから別のクラスに関数を移動する。クラスからサブクラスやインナークラスを抽出する。依存関係を逆転させ、アーキテクチャの境界を越えてモジュールを移動させる。

こうしたことを行いながらも、テストは常にパスさせている。

レッド／グリーン／リファクター

リファクタリングのプロセスは、TDD の 3 つのルールに最初から織り込まれている。これは「レッド／グリーン／リファクター」サイクルと呼ばれる（**図 5-1**）。

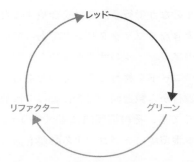

図 5-1　「レッド／グリーン／リファクター」サイクル

1. 失敗するテストを作成する。
2. テストをパスさせる。
3. コードをクリーンにする。
4. ステップ 1 に戻る。

ここでは、**動く**コードを書くことと、**クリーン**なコードを書くことを分けている。両方を同時にコントロールするのは難しいので、それぞれを異なるアクティビティに分けているのである。

別の言い方をすれば、コードを動かすだけでも難しいということだ（コードをクリーンにするのが難しいのは当然だ）。貧弱な脳裏に浮かんだ方法を何でも使い、まずはコードを動かすことにフォーカスしよう。そして、コードが動き、テストがパスしたら、汚いコードをクリーンにしていくのである。

　このことから、リファクタリングが**継続的な**プロセスであることは明らかだ。スケジュールを立てて実行するものではない。コードが汚いまま何日も放置してからようやくクリーンにする、といったことはしない。汚くなるとしても数分程度で、すぐにクリーンにするのである。

　リファクタリングという単語をスケジュールに入れないでもらいたい。リファクタリングは計画に入れるようなアクティビティではない。リファクタリングのために時間を確保することはない。リファクタリングは、分単位あるいは時間単位でソフトウェアを書くアプローチの一部である。

大きなリファクタリング

　要求の変更によって、現在のシステムの設計やアーキテクチャが最適ではないことに気づき、システムの構造を大きく変えなければいけないことがある。こうした変更は「レッド／グリーン／リファクター」のサイクル**のなかで行う**。設計を変更するためのプロジェクトを立ち上げることはしない。このような大きなリファクタリングであっても、特別に時間を確保することはしない。その代わり、通常のアジャイルのサイクルのなかで、継続的に新機能を追加しながら、小さなステップで少しずつコードを移行していくのである。

　こうした設計の変更には、数日から数週間、場合によっては数か月かかることもある。設計の移行が完全に終わっていなくても、その期間内にすべてのテストをパスさせる必要がある。場合によっては、システムを本番環境にデプロイする必要もあるだろう。

シンプルな設計

　シンプルな設計のプラクティスは、リファクタリングのゴールのひとつである。シンプルな設計とは、必要とされるコードだけを書いて、最もシンプルで、最も小さく、最も表現力のある構造を維持するプラクティスである。

　以下は、ケント・ベックのシンプルな設計のルールである。

1. すべてのテストをパスさせる。
2. 意図を明らかにする。
3. 重複を排除する。
4. 要素を減らす。

　数字が表しているのは実行する順番であり、優先順位の高い順番でもある。

　1番目は自明だろう。コードはすべてのテストをパスする必要がある。コードは動作しなければいけない。

　2番目は、コードが動作するようになったら、表現力を高めるべきであることを示している。プログラマーの意図を明らかにすべきである。読みやすくわかりやすいものにすべきである。ここでは、シンプルなリファクタリングや、見た目を変更するリファクタリングを適用する。また、大きな関数を適切な名前のついた小さな関数に分割する。

　3番目は、コードをできるだけわかりやすく、表現力を豊かにしたあとで、重複を排除することを示している。コードには同じことを言わせたくない。ここからリファクタリングは複雑になる。重複を排除するには、重複するコードを関数に移動して、さまざまなところから呼び出せるようにする。場合によっては、テンプレートメソッド、ストラテジー、デコレーター、ビジターといったデザインパターンを使用するソリューションが必要になることもある[4]。

　4番目は、すべての重複を排除したら、クラス、関数、変数などの構造的な要素の数を減らすべきであることを示している。

　シンプルな設計のゴールは、コードの**設計のウェイト**を可能な限り減らすことである。

設計のウェイト

　ソフトウェアシステムの設計は、非常にシンプルなものから、並外れて複雑なものまで、さまざまなものがある。設計が複雑になれば、プログラマーにかかる認知的負荷は大きくなる。この認知的負荷が**設計のウェイト**だ。設計のウェイトが増えれば、プログラマーがシステムを理解したり操作したりするのに必要な時間や労力が増える。

　同様に、要求の複雑さも、小さなものから大きなものまでさまざまである。要求が複雑になれば、プログラマーがシステムを理解したり操作したりするのに必要な時間や労力が増える。

　ただし、2つの要因は足し算ではない。複雑な設計を採用すれば、複雑な要求を**シンプル**にできる。多くの場合、トレードオフが可能である。既存の機能に適切な設計を選択することで、システムの全体的な複雑さを軽減できる。

　設計と機能の複雑さのバランスをとることが、**シンプルな設計**のゴールである。プログラマーはこのプラクティスを使用して、要求とのバランスを保ちながら、継続的にシステムの設計をリファクタリングしていく。そうすることで、生産性が最大化できるのである。

4　デザインパターンは本書の対象外なので、Gamma, E., R. Helm, R. Johnson, and J. Vlissides. 1995. *Design Patterns: Elements of Reusable Object-Oriented Software*. Reading, MA: Addison-Wesley.（邦訳：『オブジェクト指向における再利用のためのデザインパターン』ソフトバンククリエイティブ）を参照してほしい。

ペアプログラミング

　ペアプログラミングのプラクティスは、長年にわたり論争と偽情報で満たされている。2 人（あるいはそれ以上の人数）で同じ問題に生産的に取り組むという考えに対し、多くの人たちが否定的にとらえている。

　最初に言っておくが、ペアになるのは任意である。ペアになることを強制されるべきではない。次に言っておきたいのは、常にペアになるわけではないことだ。時にはひとりでコードを書きたくなることもある。チームでペアになるべき時間は、おそらく 50%程度だろう。だが、この数字は重要ではない。30%になることもあれば、80%になることもある。個人やチームが決めればいい。

ペアリングとは？

　ペアリングとは、2 人が一緒に同じプログラミングの課題に取り組むことである。同じコンピューターで画面、キーボード、マウスを共有して、ペアで作業する。あるいは、同じコードを見て操作しながら、2 台のコンピューターで作業することもある。後者については、画面共有ソフトを使えばうまくいくだろう。データと音声がつながっていれば、離れた場所でも一緒に作業できる。

　ペアになるプログラマーは異なる役割を担当する。ひとりがドライバーで、もうひとりがナビゲーターだ。ドライバーはキーボードとマウスを持ち、ナビゲーターは俯瞰的な視点でドライバーにアドバイスする。あるいは、ひとりがテストを書き、もうひとりがそのテストをパスさせ、それを交互に行うという役割分担もある。これは**ピンポン**と呼ばれる。

　だが、ほとんどの場合、明確な役割分担はない。プログラマーはマウスとキーボードを共有しながら協力し合う同格の作者である。

　ペアはスケジュールで決められていない。プログラマーの好みによって、ペアになったり解散したりする。マネージャーがペアリングのスケジュールや割当表を作るべきではない。

　ペアになるのは一般的に短時間である。1 日で終わることもあるが、多くの場合は 1〜2 時間以上は続かない。15〜30 分という短い時間でも効果はある。

　ストーリーはペアに割り当てるものではない。ペアではなく個人のプログラマーがストーリーの完成に責任を持つ。ストーリーを完成させるまでの時間は、通常は 1 回のペアの時間よりも長くなる。

　1 週間のなかで、プログラマーは周囲に助けを求めながら、半分の時間を自分のタスクに費やす。残りの半分は、他の人のタスクを助けるのに使う。

シニアプログラマーは同じシニアプログラマーとペアになるよりも、ジュニアプログラマーとペアになるべきだ。ジュニアプログラマーは同じジュニアプログラマーに相談するよりも、シニアプログラマーに相談する機会を増やすべきだ。専門分野を持つプログラマーは、専門外のプログラマーとペアになるべきだ。知識を集めるのではなく、知識を交換することがゴールである。

なぜペアなのか？

チームとして振る舞うためにペアになるのだ。チームメンバーは孤独に作業せず、秒単位で協力しながら作業する。ひとりのメンバーが失敗しても、他のメンバーがその穴をカバーしながら、ゴールに向かって進み続けるのである。

ペアリングは、チームメンバーの知識を共有し、サイロ化を防ぐための最善の方法である。誰も欠かせない存在にしないための方法である。

多くのチームが、ペアリングによってエラーが減少し、設計の品質が向上したと報告している。ほとんどの場合、それは正しいように思う。一般的に問題は、複数の目で見たほうがいいだろう。実際、多くのチームがコードレビューをペアリングに置き換えている。

コードレビューとしてのペアリング

ペアリングはコードレビューの一種になるが、コードレビューよりも大きな利点がある。ペアになっている時間は、ペアもコードの共同作者である。既存のコードを見てレビューしながら、新しいコードを書くこともできる。つまり、レビューはチームのコーディング標準に従っていることを確認するような、静的なチェックではないということだ。むしろ、近い将来にコードが必要になることを見据えた、動的なレビューなのである。

コストについては？

ペアリングのコストを算出するのは難しい。最も直接的なコストは、2人でひとつの問題に取り組んでいるところだろう。つまり、2倍の労力がかかっている。だが、実際のコストは違う。さまざまな研究で、直接的なコストは15%増になることが示されている。つまり、100人分の作業を行うために、ペアのプログラマーが115人必要ということだ（コードレビューは除く）。

単純に計算すると、時間の50%をペアに費やすチームは、生産性の面で8%程度の影響を受ける。ペアリングがコードレビューの代わりになれば、生産性が落ちることはないだろう。

また、クロストレーニング型の知識の交換と集中的なコラボレーションの利点も考慮すべき

だ。簡単に定量化はできないが、これらの利点は重要である。

　私や多くの人たちの経験からすると、プログラマーたちの裁量で行われる非公式のペアリングは、チーム全体にとって非常に有益である。

2人だけなのか？

　ペアプログラミングの「ペア」の部分は、2人のプログラマーを意味している。間違いではないのだが、ルールというわけでもない。3人でも、4人でも、それ以上の人数でも、同じ問題に対して一緒に作業することができる（繰り返しになるが、いずれもプログラマーの裁量による）。大勢で作業することを「モブプログラミング」と呼ぶこともある[5]。

マネジメント

　マネージャーがペアリングに眉をひそめ、ペアを解散させて、時間をムダにするなと指示することをプログラマーたちは恐れている。だが、私はこのようなことを目にしたことがない。半世紀ほどコードを書いているが、マネージャーがそのような低いレベルで仕事に干渉するところを見たことがない。私の経験からすると、マネージャーはプログラマーたちが一緒に作業しているのを見て喜んでいる。うまく仕事をしているような印象を与えているのだ。

　あなたがマネージャーであり、ペアリングは非効率なので干渉したくなるのであれば、そうした恐怖を脇に置いて、プログラマーたちに任せてみてほしい。彼らは専門家なのだから。

　あなたがプログラマーであり、ペアリングの中止を求めるマネージャーがいるのであれば、あなたは専門家であり、作業方法に責任を持つべきなのはマネージャーではなく、あなたであることを思い出してもらおう。

　最後になるが、絶対に、絶対に、絶対に、ペアになる許可を求めてはいけない。テストをする許可を求めてはいけない。リファクタリングをする許可を求めてはいけない。何かをする許可を求めてはいけない。あなたは専門家だ。あなたが決めよう。

結論

　アジャイルのテクニカルプラクティスは、アジャイルの取り組みで最も重要な要素である。これらを使わずにアジャイルを導入しようとしても失敗するだけだ。アジャイルの仕組みは効

5　https://en.wikipedia.org/wiki/Mob_programming
　　https://mobprogramming.org/mob-programming-basics/

率的なので、ひどい状態を大急ぎで作り出せる。テクニカルプラクティスなしに高品質を維持しようとすれば、チームの生産性は急速に低下し、慈悲なき死のスパイラルに突入するだろう。

アジャイルになる  第6章

XP を最初に知ったとき「なんて簡単なんだ。単純なルールとプラクティスに従うだけじゃないか。ぜんぜん難しくない」と思った。

だが、アジャイルになろうとした多くの組織が失敗している。ということは、アジャイルになるのはものすごく難しいことなのだろう。このように失敗する理由は、おそらくアジャイルが誤解されているからだろう。

アジャイルの価値基準

昔、ケント・ベックがアジャイルの 4 つの価値基準を挙げていた[1]。「勇気」「コミュニケーション」「フィードバック」「シンプリシティ」である。

1　訳注：アジャイルではなく XP の価値基準である。

勇気

　最初の価値基準は「勇気」である。言い換えれば、合理的なリスクをとるということだ。アジャイルチームのメンバーは、品質や機会を犠牲にしてまで政治的な安全性を重視したりはしない。長期間のソフトウェアプロジェクトを管理する最善の方法は、ある程度の攻撃性を持つことだと認識しているのである。

　勇気とは無謀ではない。最小限の機能をデプロイするには勇気が必要だ。高品質のコードや高品質の規律を維持するにも勇気が必要だ。一方、あまり自信のないコードや持続不可能な設計のコードをデプロイするのは無謀だ。品質を犠牲にしてスケジュールを守ろうとするのも無謀だ。

　品質と規律が**速度を上げる**。この信念を持つことが勇気だ。なぜなら権力を持った無知な人たちが常に急げと圧力をかけてくるからだ。

コミュニケーション

　我々は領域を横断する、頻度の高い直接的なコミュニケーションを大切にしている。アジャイルチームのメンバーは、お互いに話をしたいと思っている。プログラマー、顧客、テスター、マネージャーは、お互いに近くに座り、ミーティングのときだけでなく、常にやり取りをしたいと考えている。メール、チャット、メモだけでなく、対面で、インフォーマルな、個人間の会話も重視している。

　こうすることで、チームがゲル化する。高速で、混沌とした、インフォーマルで頻繁なやり取りのなかで、アイデアは生まれ、インサイトが手に入る。一緒に座って頻繁にコミュニケーションするチームは、奇跡を起こせる。

フィードバック

　これまで学んだアジャイルの規律はすべて、重大な意思決定をする人たちに高速なフィードバックを提供することが目的だった。**計画ゲーム**、リファクタリング、**テスト駆動開発**、継続的インテグレーション、小さなリリース、共同所有、チーム全体は、フィードバックの頻度と量を**最大化**する。それにより、早い段階から問題を特定し、修正できる。早い段階で意思決定すると、その結果によって大きな教訓が得られる。アジャイルチームはフィードバックをうまくやっている。フィードバックがあることで、チームは効果的に働ける。また、プロジェクトに有益な成果をもたらせる。

シンプリシティ

　最後の価値基準は「シンプリシティ」だ。言い換えれば、**直接的**ということだ。ソフトウェアのあらゆる問題は、間接的な層を追加することで解決できると言われる。勇気、コミュニケーション、フィードバックの価値基準は、問題の発生数を最小限に抑えるものである。したがって、間接的なものも最小限にできる。それにより、解決策がシンプルになる。

　上記はソフトウェアに関するものだが、これはチームにも当てはまる。受動的な態度は間接的である。問題を見つけても黙って他の人に渡してしまったら、それは間接的に取り組んでいることになる。結果が悲惨になることを知りながらマネージャーや顧客の要求に応じてしまったら、それも間接的である。

　シンプリシティとは直接的である。コードを直接的にする。コミュニケーションや行動も直接的にする。ただし、コードの場合は、相互依存の複雑さを軽減するために、ある程度は間接的なものも必要になる。チームの場合は、間接的なものはそれほど必要ではない。できるだけ直接的なものにしよう。

　コードをシンプルにしよう。チームをさらにシンプルにしよう。

動物のサーカス

　世の中には無数のアジャイル手法が存在しており、混乱するのも無理はない。こうした「動物のサーカス」は無視しよう。どの手法を選ぼうとも、最終的には自分のニーズに合わせてプロセスを調整することになる。したがって、XPから始めても、スクラムから始めても、5328種類もあるアジャイル手法のどれから始めても、最終的には同じ場所にたどり着く。

　強くアドバイスするとしたら、完全な**サークルオブライフ**を採用するべきだ。なかでもテクニカルプラクティスが重要だ。多くのチームが外側のビジネスのリングだけを採用しており、マーチン・ファウラーの言う「ヘロヘロスクラム」[2]の罠に陥っている。この病気にかかると、プロジェクトの初期には高かった生産性が、プロジェクトが進むにつれてゆっくりと低下していく。その原因は、コードの腐敗と劣化によるものだ。

　アジャイルのビジネスプラクティスは、大きな混乱を引き起こすのに非常に効率的な方法であることがわかっている。構築している構造がクリーンかどうかを気にかけなければ、こうした混乱がさらに生産性を**低下させる**。

　したがって、いずれかの手法を選ぶか、どれも選ばないでおこう。「サークルオブライフ」の

2　https://martinfowler.com/bliki/FlaccidScrum.html（邦訳：https://bliki-ja.github.io/FlaccidScrum/）

すべての領域に対応できるようにしよう。それをチームに同意してもらおう。始めるのはそれからだ。勇気、コミュニケーション、フィードバック、シンプリシティを忘れずに、定期的に規律と行動を調整していこう。許可を求めてはいけない。「正しくやる」などと言わないでほしい。問題が発生したら対応するだけだ。可能な限り最高の成果を出せるように、うまくプロジェクトを推進していこう。

トランスフォーメーション

　アジャイルへの移行は、価値基準の移行である。アジャイル開発の価値基準には、「リスクテイキング」「高速なフィードバック」「集中」「障壁や指揮系統を無視した高帯域のコミュニケーション」なども含まれる。また、事前に計画して情勢に配慮しながら進むよりも、まっすぐで直接的な道を進むことが重視されている。こうした価値基準は、これまでの大きな組織の価値基準とは正反対である。これまでの組織では、「安全性」「一貫性」「コマンド&コントロール」「計画の実行」に価値を置く中間管理職の構造に多額の投資をしてきた。

　そのような組織をアジャイルに変えることは可能だろうか？　正直に言うと、私はあまりうまくできたことがない。他の人たちが成功しているのを目にしたこともない。多くの労力やお金が投資されているのは知っている。だが、本当の意味で移行できた組織はほとんどないだろう。価値基準が違いすぎて、中間管理職の層が受け入れられないのである。

　私が**目にしたことがある**のはチームや個人の移行だ。チームや個人はアジャイルの価値基準に誘導されることが多い。

　皮肉なことに、経営者も「リスクテイキング」「直接的」「コミュニケーション」などのアジャイルの価値基準に誘導されている。これが組織を移行させようとする理由のひとつでもある。

　障壁となるのは中間管理職の層だ。彼らは、リスクを**負わず**、直接的であることを**避け**、指揮系統に**従い**、**強制**し、コミュニケーションを**最小限**にしようとする。そのために雇われているのである。これが組織のジレンマだ。組織のトップとボトムはアジャイルのマインドセットを重視している。だが、組織のミドルは反対しているのである。こうした中間管理職の層が変化を起こすところを私は見たことがない。実際、変化を起こすことなど不可能だろう。彼らの仕事は、そのような変化に**反対する**ことだからだ。

　この点を深く理解してもらうために、いくつか話をしよう。

策略

2000 年頃にアジャイルへの移行プロジェクトに参加した。そこでは、経営者とプログラマーのサポートを得ることができた。彼らは希望と熱意に満ちあふれていた。問題となったのは、テックリードとアーキテクトだった。彼らは自分たちの役割がなくなると誤解していた。

アーキテクト、テックリード、プロジェクトマネージャー、その他多くの役割は、アジャイルチームでは違ったものになる。だが、なくなるわけではない。残念なことに、彼らはこのことが理解できていなかった。それは我々の責任だったかもしれない。彼らの役割がチームに価値のあることだと伝えきれなかったのだろう。あるいは、必要とされる新しいスキルを学ぶことが、彼らにとって不快だったのかもしれない。

いずれにしても、彼らはアジャイルへの移行に反対し、妨害する計画を秘密裏に立てたようだ。詳細についてはここでは触れないが、彼らは計画がバレて、すぐに解雇されてしまった。

その後、アジャイルへの移行は順調に進み、最後には大成功を収めることができた。と言いたかったが、実際はうまくいかなかった。

ライオンクラブ

さらに大きな企業のある部門で、アジャイルへの移行を大成功させたことがある。彼らは XP を導入したことで、長年にわたり大きな成果を成し遂げることができた。その様子は『Computerworld』誌に取り上げられたほどだ。この成功により、移行を推進していたエンジニアリング担当 VP は昇進した。

その後、新しい VP が引き継いだ。そして、群れを引き継いだライオンのオスのように、前任者の VP の子どもたちをすべて殺した。それにはアジャイルも含まれていた。彼はアジャイルを中断させ、チームのプロセスを元に戻した。成功からはほど遠いプロセスだ。

これによりチームの多くが他の場所に職を求めた。これが新しい VP の思惑だったのだろう。

涙

最後の物語は聞いた話だ。私は重要な瞬間を目撃できなかった。当時の従業員から報告を受けた話である。

2003 年、私の会社はある有名な証券会社のアジャイルへの移行プロジェクトに参加した。すべてがうまく進んでいた。私は経営幹部、中間管理職、開発者たちをトレーニングした。みんなに熱気があった。すべてがうまくいっていた。

　そして、最終評価がやってきた。経営幹部、中間管理職、開発者は、大きなホールに集まった。彼らの目的は、アジャイルへの移行の進捗と成功を評価することだった。経営幹部が「進捗はどうですか？」と聞いた。

「とても順調です」と、さまざまな参加者が答えた。

　部屋が静かになった。すると突然、部屋の後ろのほうで誰かが泣き出した。静寂が破られた。その瞬間に感情的な支えが失われ、部屋のポジティブなムードが崩壊した。そして、以下のような言葉が聞こえた。

「これは、あまりにも、難しすぎます。もうついていけません」

　その後、経営幹部はアジャイルへの移行を取りやめた。

┃教訓

　以上の物語から得られる教訓は「奇妙なことが起きることを予期しておけ」になるだろう。

┃ごまかし

　アジャイルに反対する中間管理職が強い組織のなかで、アジャイルチームは存在できるのだろうか？　私はそのような状況でもチームが存在しているのを何度か目にしたことがある。中間管理職の厳しい要求に従いながら、こっそりとアジャイルの価値基準を使っているソフトウェア開発チームもある。手続きや基準に従っていることに中間管理職が満足していれば、開発チームは自分たちで工夫することが許されるだろう。

　ブーチとパーナスはこれを「ごまかし（faking it）」と呼んだ[3]。中間管理職を満足させながら、陰でアジャイルを使うのである。無益な争いをするのではなく、アジャイルの上に新たな層を作るわけだ。この層があることで、アジャイルが安全であり、中間管理職に従っているように見せられる。

　たとえば、中間管理職がプロジェクトの初期段階で分析ドキュメントを求めているとしよう。アジャイルチームはアジャイルの規律を使いながら、まずはシステムの初期のコードを書こうとする。そして、ドキュメンテーションのストーリーのスケジュールに合わせて、分析ドキュメントを作成する。

　初期のイテレーションは要求分析を重視しているため、このやり方は理にかなっている。実際にコードを書くことで分析するというこのやり方は、中間管理職が知るべきことではない。

3　Booch, G. 1994. *Object-Oriented Analysis and Design with Applications*, 2nd ed. Reading, MA: Addison-Wesley, p. 233-34.（邦訳：『Booch 法：オブジェクト指向分析と設計』アジソンウェスレイパブリッシャーズジャパン）
　　訳注：書籍の訳語を確認できなかったので独自に訳した。

気にかける必要もない。

　残念ながら、機能不全の組織ではチームの「ごまかし」をかぎつける中間管理職がいる。そして、それが真実を隠すための言い逃れであるとみなし、すぐにアジャイルの規律を抹消しようとする。チームは中間管理職が必要とするものを確実に届けていたのに、なんともひどい仕打ちである。

小規模な組織での成功

　中規模な組織でもアジャイルは導入されている。中間管理職の層は薄く、直接的で自らリスクを負う生え抜きの人たちで構成されているからだ。

　小規模な組織ならば、アジャイルに完全に移行するのもめずらしくない。中間管理職がいないので、経営幹部と開発者の価値基準がそろっているからだ。

個人の成功と変化

　組織にいる特定の個人だけがアジャイルの価値基準を身に付けることもできる。だが、アジャイルを導入していない組織やチームにいると、このような人たちはうまくやっていけなくなる。価値基準が違うと、何らかの分断にもつながってしまう。最良のケースであれば、中間管理職からうまく逃げているアジャイルチームに参加することになるだろう。それが無理ならば、価値基準を共有できる新しい職を探す（見つける）ことになるだろう。

　過去20年間で、業界における価値基準の変化が見られるようになった。アジャイルの価値基準を受け入れた企業が生まれ、アジャイルのやり方で働きたいプログラマーがそうした企業に群がるようになった。

アジャイル組織の作成

　アジャイルチームを容認できる大規模な組織を作れるのだろうか？　もちろんだ！　ただし、**移行する**のではなく、あくまでも**作る**である。

　IBMがPCを作ると決めたとき、組織の価値基準が迅速なイノベーションやリスクテイキングを認めないものになっていることに経営幹部たちは気づいたそうだ。そこで、異なる価値基準を持つ組織を**作った**のである[4]。

　ソフトウェアの世界でこのようなことを見たことがあるだろうか？　歴史のある巨大な組織が、アジャイルを導入するために小さなソフトウェア組織を**作る**だろうか？　私はここにヒン

4　「IBM PCの誕生」https://www.ibm.com/ibm/history/exhibits/pc25/pc25_birth.html

トがあると思っている。だが、わかりやすい例を思いつかない。スタートアップがアジャイルを導入しているのは見てきた。特定のプロジェクトをすばやく確実に実行するために、非アジャイルの大企業がアジャイルコンサルティング企業に仕事を依頼するのも見てきた。

　ここからは私の予測だ。これからは大企業がアジャイルを使う新しい部門を作るようになるだろう。既存の開発スタッフを移行できなかった大規模な組織は、ますますアジャイルコンサルティング企業を利用するようになるだろう。

コーチング

　アジャイルチームにコーチは必要だろうか？　短い答えは「必要ない」。長い答えは「時には必要になることもあるかもしれない」だ。

　まずは、アジャイルトレーナーとアジャイルコーチを区別する必要がある。アジャイルトレーナーは、チームにアジャイルの振る舞い方を教える。トレーナーは外部の会社の人か、同じ会社でもチームの外部の人であることが多い。アジャイルの価値基準を伝え、アジャイルの規律を教えることが目的である。トレーニング期間は短いほうがいい。10 人程度の開発チームであれば、1～2 週間以内にすべきだろう。アジャイルトレーナーがどのようなことを教えたとしても、チームが学ぶべきことは自分たちで学ばなければいけない。

　アジャイルへの移行の初期段階では、トレーナーが一時的にコーチの役割を担うこともある。だが、あくまでも一時的だ。すぐにチームの誰かがコーチの役割を担うべきだ。

　一方、アジャイルコーチはトレーナーではない。コーチはチームのメンバーであり、チームのプロセスで定義された役割である。開発者が開発の途中でプロセスを変えてしまうことがある。たとえば、ペアをやめたり、リファクタリングをやめたり、継続的ビルドの失敗を無視したりする。これに気づいて指摘するのがコーチの仕事だ。コーチはチームの良心として振る舞う。みんなで約束したことや合意した価値基準をチームに思い出させるのである。

　コーチの役割はチームメンバーが交代で担当する。あらかじめチームで順番を決めておくこともあれば、必要に応じて交代することもある。成熟したチームであれば、コーチは必要ないだろう。一方、何らかの（スケジュール、ビジネス、人間関係などの）ストレスがかかっているチームは、一時的に誰かにコーチを依頼するかもしれない。

　コーチはマネージャーではない。コーチは予算やスケジュールに責任を持たない。コーチはチームに指示しない。コーチはチームの利益を経営側に伝えるわけでもない。コーチは顧客と開発者の橋渡し役ではない。コーチはチームに含まれる役割である。マネージャーや顧客は誰がコーチなのかを知らない。コーチがいるかどうかすらも把握していない。

スクラムマスター

スクラムではコーチは**スクラムマスター**と呼ばれる。この用語が生まれてから、アジャイルコミュニティでは最高の出来事と最悪の出来事が発生した。スクラムマスターの認定資格は、多くのプロジェクトマネージャーをひきつけた。そのおかげで、当初はアジャイルの認知度が大きく高まった。だが、最終的にはコーチの役割がプロジェクトマネージャーの役割と融合してしまった。

現在では、コーチではなくプロジェクトマネージャーの仕事をするだけのスクラムマスターをよく見かけるようになった。残念ながら、この肩書と認定資格は、アジャイルチームに負の影響を与えている。

認定資格

今あるアジャイルの認定資格は、完全なるジョークであり、完全にバカげたものである。認定資格を真剣に受け止めてはいけない。認定資格を取るためのトレーニングには価値がある。だが、トレーニングは特定の役割にフォーカスすべきではない。チームの全員を対象にすべきだ。

たとえば、誰かが「認定」スクラムマスターだとしても何の意味もない。認定資格が意味するのは、数日間の研修にお金を払ったこと（と研修に出席したこと）だけだ。認定資格とは、研修を受けた人がコーチのように動けることを保証するもの**ではない**。「認定スクラムマスター」に特別な何かがあると思わせることがバカげている。アジャイルコーチの考え方とは正反対だ。アジャイルコーチは、アジャイルコーチとしてトレーニングするものではない。

繰り返すが、認定資格のトレーニングそのものは悪くない。だが、特定の人物だけをトレーニングするのはバカげている。アジャイルチームの全員が、アジャイルの価値基準とテクニックを理解する必要がある。チームの誰かをトレーニングするのではなく、チームの全員をトレーニングすべきである。

本物の認定資格

アジャイルの本物の認定プログラムがあるとすれば、どのようなものになるだろうか？　おそらくは半年間のコースになるだろう。最初にアジャイルのトレーニングを受けてから、指導者の下で小さなアジャイルプロジェクトを体験するのである。コースはレベル分けされており、受講者には高い基準が求められる。認定を受ける者は、アジャイルの価値基準を理解しており、

アジャイルの規律を順守できるほど習熟していることが保証される。

大規模アジャイル

　アジャイルのムーブメントは 80 年代後半に始まった。すぐに小規模なチーム（4〜12 人）のための手法だと認識された。この人数は確定しているものではなく、ほとんど明言されたこともなかったが、アジャイルが（2001 年以前のものも含めて）数千人規模のチームに適していないことは誰もが理解していた。それは我々が解決しようとした問題ではなかったからだ。

　にもかかわらず「大きなチームではどうなのか？」「大規模なアジャイルはできるのか？」といった質問がすぐにやってきた。

　長年、多くの人たちがこのような質問に答えようとしてきた。最初はスクラムの作者たちが「スクラム・オブ・スクラム」と呼ばれるテクニックを提案した。その後、SAFe[5]や LeSS[6]といったブランドのついたアプローチを目にするようになった。このテーマを扱う書籍も執筆されるようになった。

　これらのアプローチが間違っているとは思わない。書籍も問題ないと思う。とはいえ、私はこれらのアプローチを試したことがないし、書籍も読んだことがない。試してもいないのにコメントするとは、なんて無責任なんだと思われるかもしれない。おそらくあなたが正しい。だが、私なりの考えがある。

　アジャイルは、小規模から中規模のチームのためのものだ。以上。アジャイルはこのような規模のチームに適している。アジャイルは大規模なチームのために生まれたものではない。

　どうして我々は大規模なチームの問題を解決しようとしなかったのか？　大規模なチームの問題は、さまざまな専門家が 5000 年以上かけて取り組んできた問題だからだ。大規模なチームの問題は、社会と文明の問題である。現代の文明を基準とするならば、かなりうまく解決できている問題だろう。

　ピラミッドを作るには、どうすればいいだろうか？　大規模なチームの問題を解決する必要があるだろう。第二次世界大戦に勝利するには、どうすればいいだろうか？　大規模なチームの問題を解決する必要があるだろう。人類を月に送り、無事に地球に帰還させるには、どうすればいいだろうか？　大規模なチームの問題を解決する必要があるだろう。

　大規模なチームが成し遂げたプロジェクトはこれだけではないはずだ。電話網、高速道路網、インターネット、iPhone、自動車。これらを作るには、どうすればいいだろうか？　すべて大規模なチームに関するものである。地球規模の広大なインフラや施設の存在は、我々が大規模

5　https://en.wikipedia.org/wiki/Scaled_agile_framework

6　https://less.works/

なチームの問題を解決してきたことを証明している。

大規模なチームはすでに解決された問題である。

アジャイルのムーブメントが始まった80年代後半に解決していなかったのは、**小規模なソフトウェアチーム**の問題である。比較的小さなグループのプログラマーたちをうまく組織する方法がわからなかったのだ。そして、アジャイルが解決したのは**この問題**である。

これが**ソフトウェア**の問題だったことを理解してほしい。小さなチームの問題ならば、すでに1000年前に世界中の軍隊や業界によって解決されていた。ローマ軍が小さな分隊を組織する問題を解決していなかったら、ヨーロッパを征服することはできなかっただろう。

アジャイルとは、小さなソフトウェアチームを組織するための規律である。なぜ特別なテクニックが必要なのだろうか？　ソフトウェアは独特だからだ。このようなタスクは他にほとんど見られない。ソフトウェアにおけるコストとベネフィット、リスクとリワードのトレードオフは、他の仕事とは大きく違っている。ソフトウェアは建築とよく似ているが、物理的なものを作るわけではない。ソフトウェアは数学とよく似ているが、何かを証明するわけではない。ソフトウェアは科学のように実験にもとづくが、物理の法則のようなものを発見するわけではない。ソフトウェアは会計とよく似ているが、数字の事実ではなく、時系列の振る舞いを記述するものだ。

ソフトウェアは何にも似ていない。したがって、ソフトウェア開発者の小さなチームを組織するには、ソフトウェアの独特なところにうまくチューニングされた特別な規律が必要である。

本書でこれまでに説明した規律やプラクティスをふりかえろう。それぞれがほぼ例外なく、ソフトウェアの独特なところにチューニングされている。**テスト駆動開発やリファクタリング**などのわかりやすいプラクティスから、**計画ゲーム**のようなわかりにくいプラクティスまで、さまざまなものがある。

結論を述べよう。**アジャイルはソフトウェアに関するものだ**。なかでも**小さなソフトウェアチーム**に関するものである。アジャイルをハードウェア、建築、その他のタスクに適用する方法を教えてくださいと言われると、いつもイライラしてしまう。私の答えは決まっている。「知らない」だ。なぜならアジャイルは、ソフトウェアに関するものだからだ。

大規模アジャイルはどうなのか？　**私はそんなものはないと思っている**。大規模なチームの組織化は、小さなチームに分割する問題である。アジャイルは小さなソフトウェアチームの問題を解決する。小さなチームを大きなチームにする問題はすでに解決されている。したがって、大規模アジャイルの質問に対する私の答えは「小規模なアジャイルチームを組織せよ」だ。そして、標準的なマネジメントやオペレーションズリサーチの手法を使い、チームをうまくマネジメントすればいい。他に特別なルールなど必要ない。

小さなチームのソフトウェアが独特だからこそ、アジャイルを発明する必要があったのだとすれば、その独特さは大きなソフトウェアチームに残らないのだろうか？　ソフトウェアの独

特さのなかに、小さなチームだけでなく、大きなチームの組織化に影響を与えるものはないのだろうか？

　私はないと思う。大きなチームの問題は、多様なチームを協調させる問題である。その問題はすでに 5000 年前に解決されている。アジャイルチームは、大規模なプロジェクトで協調すべき無数のチームのひとつにすぎない。複数の多様なチームを統合する問題はすでに解決されている。ソフトウェアチームの独特さが大きなチームの統合に影響を与える兆候は見られない。

　私なりの結論を繰り返そう。「大規模アジャイル」などというものは存在しない。アジャイルとは、小規模なソフトウェアチームに必要だったイノベーションである。チームが組織できたら、大規模な組織が過去数千年使用してきた構造に組み込まれるのである。

　ただし、これも繰り返しになるが、このテーマについて私は熱心に調査したわけではない。あくまでも私個人の意見として読んでほしい。私が間違っている可能性もあるだろう。大規模アジャイルが大好きな若者たちに説教する雷オヤジみたいなもんだ。どちらが正しいかは時間が教えてくれる。私がどちらに賭けているかは、理解してもらえたはずだ。

アジャイルのツール

執筆：ティム・オッティンガー、ジェフ・ランガー（2019 年 4 月 16 日）[7]

　何かを作る人は道具を習得している。たとえば大工は、仕事を最初に始めた段階で、金づち、計器、ノコギリ、ノミ、カンナ、水平器（すべて安価な道具）を習得する。そして、必要になったら、強力な（通常は高価な）道具（ドリル、ネイルガン、旋盤、ルーター、CAD、CNC など）を学習・導入する。

　熟練工は手動工具を手放さない。仕事に適した道具を選ぶからだ。手動工具だけで、電動工具よりも質が高く、時には期間も短く、見事な木材加工をする。賢明な大工は、洗練された道具よりも先に手動工具を習得する。手動工具の限界を学んでいるからこそ、電動工具を使い始める時期がわかるのである。

　手動工具にしろ電動工具にしろ、大工は道具箱に入れた道具を常に習得しようとする。習得することで、道具ではなく（高品質な家具の精巧な形などの）技工に集中できる。習得できなければ、道具は成果物の提供を妨げる。きちんと使用されていない道具は、プロジェクトや使用者に害をもたらすこともある。

7　許可を得て使用する。

ソフトウェアツール

ソフトウェア開発者は、重要なツールを習得する必要がある。

- 少なくともひとつ（通常はそれよりも多い数）のプログラミング言語
- IDE やプログラマー向けのエディター（Vim や Emacs など）
- さまざまなデータ形式（JSON、XML、YAML など）とマークアップ言語（HTML など）
- OS とやり取りするためのコマンドラインツールやスクリプト
- ソースリポジトリツール（Git の他に選択肢はある？）
- 継続的インテグレーション／継続的ビルドのツール（Jenkins、TeamCity、GoCD など）
- デプロイ／サーバー管理ツール（Docker、Kubernetes、Ansible、Chef、Puppet など）
- コミュニケーションツール：メール、Slack、自然言語（！）
- テスティングツール（ユニットテストフレームワーク、Cucumber、Selenium など）

　上記のカテゴリーのツールは、ソフトウェアの構築に不可欠なものである。これらがなければ、現在の世界で何かをデリバリーすることは不可能だ。ある意味、これらはプログラマーの道具箱の「手動工具」である。

　こうしたツールの多くは、うまく使えるようになるまでに苦労する。その間にも状況は常に変化しているため、ツールの習得はさらに難しいものとなっている。要領のいい開発者は、最も手間が少なく、最も価値が高い道を探そうとする。「いちばんコスパがいいのはどれだろう？」

便利なツールとは？

　ツールの状況は急速に変化する。ゴールを達成する効果的な方法を我々が常に学習しているからだ。過去数十年間に、PVCS、ClearCase、Microsoft Visual SourceSafe、StarTeam、Perforce、CVS、Subversion、Mercurial など、さまざまなソースリポジトリツールが登場した。そして、そのすべてが、信頼性が低すぎる、プロプライエタリーである、クローズドである、遅すぎる、余計なことをする、恐ろしすぎる、複雑すぎるなどの問題を抱えていた。最終的な勝者は、Git である。ほとんどの反論を抑えることができた。

　Git で最も強力なのは、安全だと感じさせるところだろう。他のツールを使っていたときは、少し不安に感じることがあった。サーバーに接続しておかなければ、コードがリスクにさらされるのである。たとえば、CVS リポジトリはたまに壊れることがあった。そうすると裏側から手を入れて、ファイルを修復しなければいけなかった。リポジトリサーバーが壊れることもあった。バックアップがあっても、対応に半日はかかる。プロプライエタリーなツールでもリ

ポジトリが壊れることがあった。つまり、リポジトリの復旧のために身代金をかき集めながら、サポート相手に何時間も電話しなければいけないということだ。Subversion だとブランチを作るのが恐ろしい。ソースファイルが多くなると、ブランチの切り替えの時間が長くなるからだ（何分もかかる）。

　優れたツールは使い心地がいいものだ。使うたびに恐怖を感じるようなものではない。Git は速い。サーバーだけでなくローカルにもコミットできるので、ネットワーク接続がなくても、ローカルのリポジトリで作業ができる。また、複数のリポジトリやブランチも扱える。マージもうまくやってくれる。

　Git のインターフェイスはかなり合理的で直接的である。したがって、Git を十分に学習したあとは、ツール自体についてあまり考えなくなる。そして、本当のニーズ（安全なストレージ、インテグレーション、ソースコードのバージョン管理）にフォーカスできる。ツールの存在が**透明**になるのだ。

　Git は強力だが、複雑なツールでもある。「十分に」学習するとはどういうことだろうか？「80/20 ルール」を適用できる。Git の機能の一部（20%程度）を使えば、ソース管理の日常的なニーズの 80%はまかなえる。必要なものは短時間で学べるだろう。残りはオンラインで参照すればいい。

　Git のシンプルさと有効性から、ソフトウェアの新しい構築方法が生まれている。これは予期されていなかったことだ。コードをすばやく**捨てる**ために Git を使うなんて、開発者のリーナス・トーバルズも信じられないと思っているだろう。だが、ミカドメソッド[8]や TCR（Test && Commit || Revert）[9]はそれを提唱している。また、Git の特徴的で強力なブランチの切り替え機能を使わずに、トランクベースで開発をしているチームが無数にある。ツールが**拡張されている**（開発者の意図とは違ったやり方で効果的に使用されている）。

　優れたツールには以下の特徴がある。

- 目的達成を支援してくれる
- すばやく「十分に」学習できる
- ユーザーにとって透明になる
- 変更や拡張が可能である
- 価格が手頃である

ここでは 2019 年の優れたツールの例として Git を取り上げた。2019 年以降に読んでいるの

8　Ellnestam, O., and D. Broland. 2014. *The Mikado Method*. Shelter Island, NY: Manning Publications.

9　Beck, K. 2018. *test && commit || revert*. https://medium.com/@kentbeck7670/test-commitrevert-870bbd756864 で閲覧（邦訳：https://medium.com/@kdmsnr/dd2b4d52a42c）。

なら、常に状況は変化することを思い出してほしい。

物理的なアジャイルツール

アジャイルの実践者は作業を可視化するために、ホワイトボード、テープ、インデックスカード、マーカー、さまざまなサイズ（小さなものからフリップチャートの大きさまで）の付箋紙を使うことが知られている。こうしたシンプルな「手動工具」には、優れたツールの特性が備わっている。

- 作業を可視化して管理可能にできる。
- 直感的である（トレーニングがいらない！）。
- 認知的負荷がほとんどない。他のタスクに集中しながらでも簡単に使える。
- 拡張しやすい。これらはソフトウェア開発の管理のためにデザインされたものではない。
- 変更しやすい。テープや粘着剤を使ったり、写真やアイコンを貼り付けたり、補足情報を追加したり、特別な色や図形で微妙な意図を示したりできる。
- どれも安価で、入手しやすい。

同じ場所にいるチームは、上記のようなシンプルで安価な物理的なツールを使うだけで、巨大で複雑なプロジェクトを簡単に管理できる。重要な情報は壁にテープで貼り付けたフリップチャートを使って通知できる。こうした**情報ラジエーター**は、チームメンバーやスポンサーなどに向けて、重要なトレンドや事実をまとめたものである。情報ラジエーターを使えば、新しい情報を即座に生み出したり反映したりできる。柔軟性はほぼ無限だ。

あらゆるツールには限界がある。物理的なツールの限界は、見える範囲にいる人たちのものであり、分散チームにはあまり有効ではないことだ。また、自動で履歴を保持することができず、現在の状態しか示せないことだ。

自動化のプレッシャー

最初の XP プロジェクト（C3 プロジェクト）は、主に物理的なツールで管理されていた。アジャイルが成長するにつれて、自動化ソフトウェアツールの関心も高まってきた。以下に合理的な理由を挙げた。

- ソフトウェアツールを使えば、一貫性のある形式でデータをキャプチャーできる。
- 一貫性のある形式のデータがあれば、プロのような見た目のレポート、チャート、グラフ

をすばやく引き出せる。

●履歴や安全なストレージを提供できる。

●誰がどこにいても全員にすばやく情報を共有できる。

●オンラインのスプレッドシートなどを使えば、分散チームでもリアルタイムでコラボレーションできる。

　洗練された見た目やソフトウェアに慣れている人は、ローテクなツールには興味がないだろう。我々はソフトウェアを開発する業界にいるのだから、あらゆるものを自動化したい人が多いのも当然だ。

いいから、ソフトウェアツールを持ってこい！

　ええと、ちょっと待ってほしい。ここで立ち止まって考えてみよう。自動化ツールはあなたのチームのプロセスをサポートしていないかもしれない。ツールを手に入れたら、チームのニーズに合っているかどうかに関わらず、提供されているものをとにかく何でも試そうとしてしまう。

　だが、まずはチームはコンテキストに応じた作業パターンを構築してから、そのワークフローをサポートするツールを使用することを検討してほしい。

　ツールが人を使用したりコントロールしたりするのではなく、作業者がツールを使用したりコントロールしたりするべきである。

　他人のプロセスフローに組み込まれたくはないはずだ。何をするにしても、自動化する前にプロセスのハンドルは自分で握っておきたい。重要なのは「自動化ツールか、物理ツールか」ではない。「使用しているツールが優れているのか、優れていないのか」が重要である。

┃富裕層のためのALM

　アジャイルが登場したあとすぐに、多くのアジャイルプロジェクト管理ツールが登場した。こうしたアジャイルライフサイクルマネジメント（ALM）システムは、オープンソースのものから高価でピカピカの「パッケージに入った」プロダクトまで、さまざまなものがあった。いずれもアジャイルチームのデータを収集し、機能のリスト（バックログ）を管理し、洗練されたグラフを生成し、複数のチームの状況を提供し、何らかの数値処理をするものである。

　上記のようなことをするには、自動化システムでもよさそうだ。だが、ALMツールにはさらに役立つ機能が用意されている。たとえば、リモートでも使える、履歴を追跡してくれる、面倒な記録作業を代わりにやってくれる、細かく設定もできる。プロッターを利用してプロ用のカラフルなグラフを作り、特大サイズの紙に出力すれば、チームの部屋に貼る情報ラジエー

ターになる。

　ところが、機能はリッチであり、商業的に成功しているにもかかわらず、ALM ツールは**優れたツールになり損ねた**。この失敗は教訓になるだろう。

- **優れたツールはすばやく「十分に」学習できる**。ALM ツールは複雑になりやすく、事前のトレーニングが必要である（インデックスカードのトレーニングなんて参加したっけ？）。トレーニングを受けたあとも、本来ならばシンプルであるはずのタスクを実行するために、インターネットで検索する必要がある。多くの人たちがツールの複雑さに嫌々付き合い、詳しく調べることを諦め、遅くて使い心地の悪いところに我慢している。

- **優れたツールはユーザーにとって透明になる**。ツールをうまく操作できないメンバーのことを他のメンバーたちが眺めている。まるで酔っ払って操作しているかのようだ。ウェブページを何度も行き来したり、テキストを繰り返しコピペしたり、ストーリーを他のストーリーや親の「エピック」と関連付けようとしたりしている。ストーリー、タスク、担当者をまとめようとして、やり方がわからずにつまづいている。もうむちゃくちゃだ。こうしたツールには常に注意しておこう。

- **優れたツールは変更や拡張が可能である**。ALM の（仮想の）カードに項目を追加したいだって？　ツールのサポートを担当している（犠牲になっている）プログラマーが社内で見つかるはずだ。あるいは、ベンダーに変更要求を送信することもできる。ローテクなツールならば 5 秒で終わるが、ALM では 5 日間、場合によっては 5 週間かかる。迅速なフィードバックが不可能なので、プロセスのマネジメントの実験もできない。項目の追加が不要になったら、誰かが元に戻して再リリースする必要がある。ALM ツールは簡単には変更できないのだ。

- **優れたツールは手頃である**。ALM ツールのライセンス料は年間数千ドルにもなる。そして、これは始まりにすぎない。トレーニング、サポート、カスタマイズなど、ツールのインストールや使用のために膨大な追加コストがかかることもある。継続的な保守と管理のために、さらに高額な所有コストも加算される。

- **優れたツールは目的達成を支援してくれる**。ALM ツールがチームのやり方に合うことはほとんどなく、デフォルトのモードもアジャイル手法と一致しないことが多い。たとえば、多くの ALM ツールでは、作業は個々のチームメンバーに割り当てられるものと想定されているため、部門を横断して共同で作業しているチームには使えないものとなっている。

　ALM ツールのなかには、**さらし台**（個人の作業量、稼働率、進捗や遅れを示すダッシュボード）を用意しているものもある。これは、完成を目指して作業の流れを重視し、責任の共同所有を促進する、本来のアジャイルのやり方ではない。プログラマーを辱め、長時間労働させるための悪質な武器である。

　ALM ツールを使うと、チームは朝のスタンドアップ（デイリースクラム）で ALM の情報を更新するようになる。対面の個人間のやり取りが、自動化された状況報告に置き換えられてしまっている。

　最悪なのは、ALM ツールが物理的なツールのような**情報ラジエーター**にならないことだ。いちいちログインして情報を探し回る必要があるからだ。情報が見つかったとしても、**必要としていない**余計なものが大量についてくる。必要とするグラフや表示が異なるページに別々に存在することもある。

　ALM が優れたツールになれないわけではない。だが、カードを管理するだけなら、Trello のような汎用的なソフトウェアを使うべきだ[10]。簡単で、すぐに使えるし、安くて、拡張可能で、嫌な気持ちになることがない。

　我々の働き方は常に変化している。ソースコードの管理方法は時代によって大きく変わり、SCCS から、RCS、CVS、Subversion、Git へと進化した。同様の進化は、テスティングツールやデプロイツールなどにも見られる（いちいち列挙はしない）。ALM ツールにも同様の進展が見られるだろう。

　ALM ツールの現状を踏まえると、物理的なツールから始めたほうが安全で賢明である。ALM ツールの使用は**あとからでも検討できる**。すぐに習得でき、日常的な使用で透明になり、変更しやすく、余裕を持って入手や実行が可能であることを確認してほしい。最も重要なのは、チームの働き方をサポートし、投資に対して見返りがあることだ。そのことをきちんと確認してほしい。

コーチング（もうひとつの視点）

執筆：デイモン・プール（2019 年 5 月 14 日）[11]

デイモン・プールは友人だが、多くの点において私と意見が一致していない。アジャイルコーチングに関することもそのひとつだ。だからこそ彼を選んだ。私とは違った視点を提供してくれるはずだ。
——アンクル・ボブ

10　繰り返すが、これは 2019 年の話だ。これから状況は変わるだろう。
11　許可を得て使用する。

アジャイルにつながるさまざまな道

　アジャイルにつながる道はさまざまである。我々の多くは意図することなくその道を歩んできた。アジャイルマニフェストとは、似たような旅をしていると気づいた者たちが、誰でも旅に参加できるように記述したものだろう。私のアジャイルの道は、1977 年に家電用品店に足を踏み入れたときから始まった。たまたま TRS-80 が販売されていたのである。完全な初心者だったが、経験豊富なプログラマーがスタートレックのゲームをデバッグするのを手伝った（質問することしかできなかったが）。現代ではそれを「ペアプログラミング」と呼んでいる。偶然だが「質問する」はコーチングの大きな部分を占めている。

　そこから 2001 年頃まで、私は意図することなくアジャイルだった。クロスファンクショナルな小さなチームでコードを書いていた。顧客は社内にいた。今でいう「ユーザーストーリー」を重視していた。リリースは小さく何度も行った。だがその後、AccuRev[12]のメジャーリリースがどんどん遅れ、2005 年には前回のリリースから 18 か月も経ってしまった。その 4 年間は、意図することなくウォーターフォール開発をしていた。ひどいものだった。なぜウォーターフォールにしたのかは不明だった。さらに私は「プロセスの専門家」とみなされていた。詳細は省くが、みなさんにもなじみのある話だろう。

プロセスの専門家からアジャイルの専門家へ

　アジャイルとの出会いは苦痛だった。Agile Alliance のカンファレンスが盛り上がる以前の 2005 年のことだ。『Software Development』誌による「Software Development East」が開催された。講演者のレセプションに参加して、分散開発のマネジメントプラクティスについて「アジャイル」という言葉をまったく使わずに話していたところ、ボブ・マーチン、ジョシュア・ケリエブスキー、マイク・コーン、スコット・アンブラーといったソフトウェア業界の大御所たちに取り囲まれてしまった。彼らが関心があるのは、3 × 5 インチのカード、ユーザーストーリー、テスト駆動開発、ペアプログラミングだと思っていた。私からするとこれらは「いんちき」だ。大御所たちがこんなものに取りつかれているなんて、とても恐ろしいことだと思っていた。

　数か月後、アジャイルを正しく理解するために調べていると、アハ！の瞬間が訪れた。プログラマーでありビジネスオーナーである私は、アジャイルとは「市場で最も高い価値を生み出す機能を見つけ、それらをすばやく収益に変えるアルゴリズム」であると理解した。

　このインスピレーションがひらめいてから、アジャイルを広める情熱を持つようになった。

12　訳注：商用の構成管理ツール

無料のウェビナーを開いたり、ブログを書いたり、カンファレンスで講演したり、ボストンの
Agile New England のミートアップに参加したり、アジャイルを広めるために私にできること
は何でもやった。アジャイルの導入が難しいと言っている人がいたら、できる限り助けてあげ
るようにした。問題解決モードに入り、彼らがすべきことを説明してあげた。

　だが、このやり方では反論や疑問につながることに気づいた。それは私だけではなかったよ
うだ。何人ものアジャイル実践者たちが、まだ光を見ていない人たちとカンファレンスで論争
していた。アジャイルの有効性を受け入れてもらうには、知識や経験を伝える別のやり方が必
要だと思うようになった。つまり、学習者の状況を考慮する必要があったのだ。

アジャイルコーチングの必要性

　アジャイルのコンセプトはシンプルだ。アジャイルマニフェストは 264 ワードで記述されて
いる。だが、アジャイルになるのは難しい。簡単だとしたら、すでにみんなができている。ア
ジャイルコーチのニーズもないはずだ。一般的に何かを変えるのは難しい。ましてやアジャイ
ルを受け入れるには、変えなければいけないことが多い。アジャイルになるには、すでに確立
された考え、文化、プロセス、思考、働き方を見直す必要がある。これまでの考え方を変えて
もらい、「何が自分の役に立つのか？」をきちんと理解してもらうのは難しい。チーム全体でそ
れをやろうとすると、その難しさは何倍にもなる。古い仕事のやり方をしている環境では、そ
れがさらに難しくなる。

　あらゆる変化は、自らが変えたいと思ってやるものだ。変化を持続させるために重要なのは、
誰もが気づいていて、これから投資したいと思える問題や機会を発見することである。そして、
求められたときにだけ助言を与えながら、ゴールを達成できるように支援する。それ以外のや
り方だと失敗するだろう。コーチングを利用すれば、見えないところを発見し、変化を妨げて
いる根本的な信念を浮かび上がらせることができる。解決策を提示するのではなく、自分たち
で課題を解決して、ゴールに到達してもらうのである。

普通のコーチをアジャイルコーチにする

　2008 年、リサ・アドキンスがアジャイルコーチングに異なるアプローチを持ち込んだ。プロ
フェッショナルコーチングのスキルをアジャイルコーチングの世界に取り入れ、純粋なコーチ
ングの側面を強調したのである。

　私はプロフェッショナルコーチングやリサのアプローチを学び、自分の仕事にも取り入れた。
そして、コーチングのプロセスから大きな価値を得ている人たちがいることを理解した。それ
はコーチが具体的に伝えるアジャイルの知識や経験とは完全に別ものである。

2010 年、リサはアジャイルコーチングのアプローチを書籍『Coaching Agile Teams』[13]にまとめた。それと同時に、アジャイルコーチングのコースの提供を開始した。2011 年、これがICAgile の認定アジャイルコーチ（ICP-ACC）の学習目標となり、ICAgile は他のインストラクターにも ICP-ACC の認定証の発行を認めるようになった。ICP-ACC のコースは、アジャイルにおけるプロフェッショナルコーチングの最も包括的な情報源となっている。

ICP-ACCを超えていく

ICP-ACC の認定には、アクティブリスニング、感情的知性、プレゼンス、明確で直接的なフィードバック、オープンエンドで誘導的ではない質問、中立的立場といったコーチングスキルが含まれている。だが、プロフェッショナルコーチングのスキルはそれよりも広い。たとえば、35,000 人を超える認定プロフェッショナルコーチがいる ICF（国際コーチ連盟）では、70 のコンピテンシーを 11 のカテゴリーに分けて定義している。認定プロフェッショナルコーチになるには、大量のトレーニングが必要である。また、厳格な認定プロセスがあり、70 のコンピテンシーをすべて身に付けていることを示し、数百時間の有料コーチングを文書化することが求められる。

コーチングのツール

アジャイルコミュニティで教えられている、アジャイルになるための構成、プラクティス、手法、テクニックの多くは、プロフェッショナルコーチングの目的と合致している。これらは「コーチングツール」と呼ばれる。妨害しているものを自分たちで発見し、前に進む方法を自分たちで決定できるように、個人やグループを支援するためのものである。

コーチングのコンピテンシーのひとつに「強力な質問」がある。その特徴を簡単に説明するとしたら「発見、インサイト、コミットメント、アクションを想起する質問をすること」になるだろう。ふりかえり（特に「Team with the Best Results Ever ／過去最高の結果を出したチーム」や「シックスハット法」）は、強力な質問をする方法のひとつだ。それによりチームは、変化の機会を発見し、それを追求する方法を自ら決めることができる。また、オープンスペース（アンカンファレンスとも呼ばれる）は、組織全体などの大人数で強力な質問をするための方法である。

アジャイルのトレーニングを受けると、アジャイルのコンセプトを表したゲームをプレイすることがある。たとえば、ペニーゲーム、カンバンピザゲーム、スクラムシミュレーション、

13　Adkins, L. 2010. *Coaching Agile Teams: A Companion for ScrumMasters, Agile Coaches, and Project Managers in Transition.* Boston, MA: Addison-Wesley.

レゴでまちづくりなどだ。これらのゲームをプレイすれば、自己組織化、小さなバッチサイズ、クロスファンクショナルチーム、TDD、スクラム、カンバンのことが体験的に理解できる。参加者の意識が高まり、次に何をすべきかを参加者自身が決定できるのであれば、こうしたゲームもプロフェッショナルコーチングの精神を持っていることになる。

コーチングツールは増えてきている。たとえば、tastycupcakes.org、retromat.org、liberatingstructures.com などを参照してほしい。

プロフェッショナルコーチングのスキルでは不十分

カンバンを導入すれば効果がありそうだが、まだ「カンバン」について耳にしたことがないチームと仕事をしているとしよう。強力な質問などのプロフェッショナルコーチングの技法だけでは、チームが自発的にカンバンにたどり着くことはない。この時点でアジャイルコーチは、知識や経験を提供するモードに切り替える。チームが興味を持ってくれたら、そのことについてティーチングやメンタリングを提供する。そして、チームが新しい知識を習得できたら、すぐにコーチングに戻る。

アジャイルコーチが使用する専門知識は、アジャイルフレームワーク、アジャイルトランスフォーメーション、アジャイルプロダクトマネジメント、アジャイルテクニカルプラクティス、ファシリテーション、コーチングの 6 つの領域に分けられる。スキルの配分はコーチによって異なるだろう。ほとんどの組織は、アジャイルフレームワークの知識を持ったアジャイルコーチを探すところから開始する。その後、物事が進んでいくと、アジャイルの専門知識の各領域の価値を理解できるようになる。

組織が過小評価していることがある。それは、これまでに本書で説明したアジャイルの環境に適したコードやテストを書くために、全員がコーディングやテスティングに関与するというものだ。既存のコードやテストを変更したり、技術的負債を増やしたりして、ベロシティを低下させるのではなく、テストを書きながら新しい機能を追加していくことが重要である。

複数チームのコーチング

2012 年頃のことだろうか、チーム単位で成功するようになった組織は、**大規模**アジャイルに興味を持つようになった。つまり、昔ながらの働き方を目的とした組織から、アジャイルの働き方をサポートする組織への変革である。

最近のアジャイルコーチングは、複数チーム（数十から数百）で実施される。リソース（人材）はサイロ化されており、3 つ以上の無関係なプロジェクトが割り当てられている。こうした「チーム」のすべてが共通の目的に向かって仕事をしているわけではなく、昔ながらの環境で仕

事をしている。つまり、チームやプロダクトベースの考え方ではなく、中長期的な予算、ポートフォリオ計画、プロジェクトベースの考え方をしているのである。

大規模アジャイル

　大規模アジャイルの問題は、チームレベルのアジャイルの問題とよく似ている。アジャイルのメリットを受け取るまでの難しさは、チームの作業の調整を阻害するすべての障害物を発見・排除するところにある。チームの作業とは、要求からリリースの準備までを指す。全体で数週間はかかるだろう。チームがオンデマンドでリリースできるようになるのはさらに難しい。

　複数のチームを調整して成果物を生み出そうとすると、こうした難しさが格段に増加する。大規模組織でアジャイルを導入するときの共通パターンは、従来のプロジェクトのように扱うというものである。つまり、事前に設計した無数の変更をトップダウンのコマンド&コントロールで展開してしまう。「無数」というのは「数千単位」という意味である。たとえば、日常的な振る舞いを十箇所ほど変えてもらうとしよう。それを数百人に依頼すると、個々の捉え方にもとづいて成否が決まるため、結果が「数千単位」になる。大規模アジャイルフレームワークの導入が目的だとするのは「我々の計画は、この大量のソフトウェア要求を実装することです」と言っているようなものである。

　私が大規模アジャイルを導入したさまざまな組織（その多くは数百チーム以上だった）や経験豊富なアジャイルコーチたちと仕事をしてきた経験からすると、「アジャイルを導入するときの問題は、ソフトウェアを作るときの問題とまったく同じ」だ。ソフトウェアを成長させる最善の方法は、顧客とのやり取りを頻繁に行うことである。同様に、プロセスを変更させる最善の方法は、影響を受ける人たちの理解や要望と強く結び付けることである。つまり、アジャイルの導入そのものをアジャイルの取り組みとして扱い、コーチングのスキルを適用することが最も有効なトランスフォーメーション戦略である。

アジャイルとコーチングでアジャイルになる

　アジャイルマニフェストは、コーチングや複数チームによる作業の調整のための優れたテンプレートである。「環境と支援を与え仕事が無事終わるまで彼らを信頼します」をサポートするために、アジャイルコミュニティはアジャイルマニフェストの価値や原則と互換性のあるスケーリングパターンを用意している。これは何らかのフレームワークではなく、フレームワークを構成する個々のプラクティスである。

　フレームワークとは、アジャイルのプラクティスで構成される「既製品」のレシピである。こうしたレシピをそのまま導入するのではなく、アジャイルやコーチングを利用して、あなたの

環境にあわせた「テイラーメイド」なレシピを発見および実践すべきだ。最終的にそのレシピが、SAFe、Nexus、LeSS、Scrum@Scale のようになれば、それはすばらしい！

　企業にいるアジャイルコーチは、アジャイルやコーチングを組み合わせ、組織の環境に合わせたアジャイルの導入方法を発見および実践している。個人レベルのコーチングの本質は、自分で問題を解決できるように支援することである。チームや組織レベルのコーチングでは、自分たちでゴールを達成できるように支援する。アジャイルの導入で影響を受ける人たちを「顧客」と考えよう。そして、レトロスペクティブやオープンスペースなどの技法を使い、顧客が課題や機会だと思っていることを発見する。これが組織の「アジャイル導入バックログ」になる。次に、ドット投票などのグループの意思決定ツールを使い、コーチがバックログの優先順位を決める。そして、上位のいくつかのバックログアイテムを組織が実装するのを支援する。最後に、ふりかえりをする。そして、繰り返す。多くの関係者にとって、これがはじめてのアジャイルの導入になるだろう。したがって、コーチングだけでは不十分である。情報にもとづいた意思決定をするためには、ティーチングやメンタリングも必要である。

アジャイルの導入を広げていく

　アジャイル導入バックログで使えるプラクティスを紹介しよう。これらのプラクティスは、アジャイルコーチングの三種の神器「付箋紙の収集」「重複の排除」「ドット投票」を使用して、10人程度の企業コーチが定期的に作成および更新しているものである。あくまでも参考用のリストなので、説明は概要レベルにとどめている。アジャイルのプラクティスは他にもたくさんあるので、ここを出発点と考えてほしい。スクラム、カンバン、XP、大規模アジャイルフレームワークなどをそのまま導入するよりも、グループやチームのニーズに合致するプラクティスを以下のリストから選び、それらを導入するところから始めたほうがいいだろう。プラクティスを選んだら、しばらく試してみよう。そして、それを繰り返していこう。

- **カンバン**——カンバンのプラクティスには、作業の見える化（カードウォールを使用する）、WIP の制限、システムにおける作業のプルが含まれている。
- **スクラムと XP**——2つの方法論をまとめたのは、XP のテクニカルプラクティスを除き、よく似ているからだ。SAFe では2つをまとめて「ScrumXP」と呼んでいる。どちらも短時間のデイリーミーティング、プロダクトオーナー、プロセスのファシリテーター（スクラムマスター）、レトロスペクティブ、クロスファンクショナルチーム、ユーザーストーリー、小さなリリース、リファクタリング、テストファースト、ペアプログラミングなどの幅広いプラクティスを含んでいる。
- **チームのイベントをそろえる**——スタンドアップやふりかえりなどの複数チームのイベン

トの時間をそろえておくと、問題点が毎日自動的にエスカレーションツリーを上がっていく。イテレーションの期間だけでなく、開始や終了の時間もそろえておく。イテレーションを使わず、オンデマンドでリリースできるようにしているチームは、どのようなリズムにも合わせることができる。

- **エスカレーションツリー**──最も価値の高い項目に取り組むことが合理的になれば、明確に定義されたエスカレーションパスで問題点を上げることも合理的になる。これはよく知られる「スクラム・オブ・スクラムズ」や、あまり知られていない「レトロスペクティブ・オブ・レトロスペクティブズ」といったプラクティスに適用されている。このためのパターンとしては、Scrum@Scale におけるスケーリングの「フラクタルパターン」がある。これは、エグゼクティブアクションチーム（EAT）に至るまで、スクラムやスクラム・オブ・スクラムズを続けるというものだ。

- **チーム間の定期的なやり取り**──共通の成果物を目指して作業している、複数のスクラムマスター、プロダクトオーナー、チームメンバーが、定期的にやり取りをするプラクティスである。そのための手法としては、定期的なオープンスペースの開催が考えられる。

- **ポートフォリオカンバン**──従来のポートフォリオ管理プラクティスでは、人員を複数のチームに割り当てる傾向があり、マルチタスキングが蔓延する。マルチタスキングにより摩擦が生じ、複雑さが高まり、スループットが低下する。ポートフォリオカンバンでは、組織が最も価値の高い作業に集中できるように、構想レベルから WIP を制限する。同時に進行するプロジェクトの数が少なくなれば、複数チームの調整も大幅に簡略化（あるいは排除）される。ポートフォリオカンバンは「実用最小限のインクリメント」と組み合わせると効果的である。

- **実用最小限のインクリメント**──いくつか種類が存在するが、要するに「最短の時間で最も価値のあるものを生み出す最短経路」である。継続的デリバリーを導入することで、この考えを限界まで進めている組織が増えている。つまり、小さな更新を 1 日に何度もリリースできるようにしているのだ。

┃ 小さく集中して大きくなる

　複数のチームにアジャイルを導入すると、簡単なことを解決することはできても、複雑なことに対応しようとすると問題が生じることが多い。大規模アジャイルで重要となるのは、私の経験から言えば、チームレベルのアジリティが高く、全体的な複雑さのレベルが低いことである。高速なボートがあっても、連結されていたら意味がない。ここでは、チームレベルのアジャイルプラクティスとされているが、チーム間の調整にも使えるものを紹介したい。

- **SOLID 原則**——この原則はすべての規模において価値がある。依存関係を劇的に低下させるため、複数チームの調整をシンプルにできる。

- 小さくて**価値のあるユーザーストーリー**——小さくて、単独でリリース可能なストーリーは、依存関係のスコープを制限してくれる。それにより、複数チームの調整をシンプルにできる。

- 小さくて**頻繁なリリース**——顧客に提供するかどうかに関わらず、関係するチーム全体でプロダクトをリリース可能な状態にしておく。そうすれば、調整やアーキテクチャの課題が浮かび上がり、根本原因に対処できるようになる。忘れているスクラムチームもあるだろうが、スクラムでは「プロダクトオーナーがリリースを決定するかどうかに関わらず、インクリメントは常に動作する状態にしておかなければいけない」と言われている。つまり、依存する他のチームの成果物と統合しておかなければいけない。

- **継続的インテグレーション**——XP では統合について強力な立場をとっており、チェックインするたびにプロダクト全体を統合することを求めている。

- **シンプルな設計**——このプラクティスは「創発的設計」とも呼ばれる。直感に反しているので、学習や適用が難しいプラクティスである。他のチームと調整する必要がないチームであっても苦労するだろう。事前に計画されたモノリシックで中央集権的なアーキテクチャは、チーム間の依存関係が強固であり、みんなで足並みをそろえる必要がある。アジャイルの約束事が守れないこともある。シンプルな設計を導入すれば（さらにマイクロサービスアーキテクチャなどのプラクティスと組み合わせれば）大規模アジャイルが可能になる。

アジャイルコーチングの未来

　この数年、プロフェッショナルコーチングやプロフェッショナルファシリテーションが、アジャイルのカリキュラムに取り入れられている。Scrum Alliance の ACSM（Advanced Certified Scrum Master）コースには、コーチングやファシリテーションに関する学習目標が含まれている。CTC（Certified Team Coach）や CEC（Certified Enterprise Coach）のプログラムでは、それ以上のスキルが求められている。また、「スクラムガイド」では、スクラムマスターがコーチの役割を担うことが明記されている。

　上記のコースやアジャイルコミュニティにおけるプロフェッショナルコーチとのやり取りにより、プロフェッショナルコーチングに触れる機会が増え、アジャイルコーチの「コーチ」の部分に注目が集まっている。この数か月間で、プロフェッショナルコーチングの関心が芽生えたようだ。ICP-ACC の道筋をスキップして、ICF の道筋に直接進む人が増えてきている。アジャイル実践者の要望に応える最初の ICF 認定コーチングスクールも設立された。少なくとも

あとひとつは準備が進んでいるようだ。アジャイルコーチングの未来は明るい！

結論（再びボブから）

　本章では「何をすべきか」よりも「何をすべきではないか」を説明した。私がアジャイルに「ならない」やり方を何度も見てきたからだろう。結局のところ、私は20年前と同じように「なんて簡単なんだ。単純なルールとプラクティスに従うだけじゃないか。ぜんぜん難しくない」と思っている。

第7章

クラフトマンシップ

執筆：サンドロ・マンキューソ（2019年4月27日）

　興奮。多くの開発者がはじめてアジャイルを耳にしたときに感じたことだ。ウォーターフォールの精神を持ったソフトウェアの工場出身の開発者にとって、アジャイルはそこから解放してくれる希望の光だった。協調的な環境で働くことができ、自分たちの意見が尊重されて聞き入れてもらえるという希望だった。これからは優れたプロセスとプラクティスが使える。小さなイテレーションや短いフィードバックループが用意されている。アプリケーションを定期的にリリースできる。ユーザーと対話してフィードバックを受け取れる。継続的に検査と適応ができる。プロセスの上流に関与できる。ビジネス側と毎日連絡を取れる。我々はひとつのチームになる。ビジネスや技術の課題について定期的に話し合い、一緒に前へ進むことに合意し、お互いをプロとして扱うようになる。ビジネスとテクノロジーが連携して優れたソフトウェアプロダクトを生み出し、企業やクライアントに価値を提供できる。

　あまりにもできすぎていて、アジャイルはウソだと思っていた。アジャイルのプラクティスはもちろんのこと、会社がアジャイルのマインドセットを受け入れるわけがないと思っていた。

だが、ほとんどの会社が受け入れた。いい意味で驚いた。一瞬にしてすべてが変わった。要求仕様書の代わりに、プロダクトバックログとユーザーストーリーを使うようになった。ガントチャートの代わりに、物理的なボードとバーンダウンチャートを使うようになった。毎朝、進捗を示す付箋紙を動かすようになった。こうした付箋紙には、心理的に中毒性のある強力な何かがあった。我々の**アジリティ**を表現したものだった。壁に貼られた付箋紙の枚数が多いほど、我々が「アジャイル」であることを感じられた。我々は構築チームではなく、スクラムチームになった。プロジェクトマネージャーはいなくなった。我々は管理する必要がないと言われた。マネージャー代わりとなるのはプロダクトオーナーであり、我々は自己組織化されていた。プロダクトオーナーと開発者が密になり、ひとつのチームとして協力しながら作業すると言われた。スクラムチームとして意思決定する権限が与えられた。技術的な決定だけでなく、プロジェクト全般に関する決定も含まれていた。少なくとも我々はそう思っていた。

　アジャイルはソフトウェア業界を席巻した。だが、伝言ゲームのように間違って伝わってしまった。企業の耳に届いた頃には、アジャイルは**ソフトウェアを高速に提供するプロセス**に変わっていた。ウォーターフォールや RUP を使っていた企業やマネージャーにとって、間違ったアジャイルは聞き心地のいいものだった。マネージャーもステークホルダーも興奮した。アジャイルを導入しない理由がない。ソフトウェアを高速に提供したくないわけがない。懐疑的な人たちもアジャイルを拒否できなかった。競合他社が「アジャイルだ」と宣伝しているのに、自社がアジャイルではないというわけにはいかない。潜在的な顧客がどう思うだろうか？　企業がアジャイルにならない選択肢はないのである。世界中の企業がアジャイルに乗り出した。アジャイルトランスフォーメーションの時代が始まったのだ。

アジャイルの二日酔い

　文化の移行は容易ではない。企業は組織変革のために外部の支援を必要としていた。そして、新しいタイプの専門家に対する需要が高まった。アジャイルコーチだ。アジャイルのさまざまな認定資格の仕組みが用意された。数日間のトレーニングコースに参加するだけで取得できる認定資格もあった。

　アジャイルプロセスをミドルマネージャーに売りつけるのは簡単だった。彼らはソフトウェアを高速に提供することを望んでいるからだ。「エンジニアリングは簡単なんです。プロセスを修正すれば、エンジニアリングはうまくいきますよ。問題となるのはいつも人間です」マネージャーはこうした言葉に説得された。マネージャーは人間を管理している。マネージャーである限り、部下の仕事を高速に進めようとするのである。

　多くの企業はアジャイルの恩恵を受けている。以前よりもはるかによくなっている。ソフト

ウェアを 1 日に何回もデプロイしている企業も多い。ビジネスとテクノロジーは、本当の意味でひとつのチームとして機能している。だが、それが当てはまらない人たちも大勢いる。開発者の作業を高速化したいマネージャーは、アジャイルプロセスの透明性をマイクロマネジメントに流用している。ビジネスの経験も技術の経験もないアジャイルコーチが、**マネージャーをコーチ**して、開発チームに何をすべきかを伝えている。マネージャーがロードマップやマイルストーンを定義して、開発チームに押し付けている。開発チームは作業を見積もることが可能だが、押し付けられたマイルストーンに収めることが求められる。マネージャーが今後 6〜12 か月のイテレーションとユーザーストーリーを決めているプロジェクトもよく見かける。スプリントですべてのストーリーポイントを消化できなければ、その遅れを取り戻すために、次のスプリントで開発者が頑張らなければいけないようだ。デイリースタンドアップミーティングは、開発者からプロダクトオーナーとアジャイルコーチに向けて、進捗（今何をやっていて、それがいつ終わるか）を詳細に報告するミーティングとなっている。開発者が自動化テスト、リファクタリング、ペアプログラミングをしていたら、プロダクトオーナーが時間のムダだと認識して、チームにそれらをやめるように指示を出している。

このようなアジャイルプロセスに、戦略的に技術を考える余裕はない。アーキテクチャや設計は求められていない。求められているのは、バックログで最も優先順位の高い項目にフォーカスして、それをできるだけすばやく完成させることである（終わったらすぐに次の項目に着手する）。このようなことをしていると、戦術的な作業が延々と続き、技術的負債が蓄積してしまう。フラジャイル（脆弱）なソフトウェアで有名な「モノリス」が当たり前になる（マイクロサービスに挑戦しているチームならば分散型のモノリスになる）。デイリースタンドアップミーティングやふりかえりでは、バグや運用の問題について何度も議論することになる。本番環境へのリリースは、ビジネス側が期待するほど頻繁ではない。手動テストのサイクルは、数週間とは言わないまでも、数日間はかかるだろう。アジャイルを導入することで、これらの問題を解決できるという希望は失われた。マネージャーは、開発者の行動が遅いことを非難する。開発者は、戦略的に技術を考えることを認めなかったマネージャーのことを非難する。プロダクトオーナーは、自分のことをチームの一員と考えておらず、問題が発生しても責任を共有しようとしない。「我々」対「彼ら」の文化が支配的なのである。

我々はこれを**アジャイルの二日酔い**と呼んでいる。アジャイルトランスフォーメーションに何年も投資した結果、企業は以前からの問題の多くが解決できていないことに気づく。その原因はもちろん、アジャイルである。

期待の不一致

　プロセスを重視するアジャイルトランスフォーメーションは不完全だ。アジャイルコーチは、アジャイルプロセスによってマネージャーやデリバリーチームをガイドしようとするが、開発者がアジャイルのテクニカルプラクティスやエンジニアリングを学習できるように支援しようとはしない。人間同士のコラボレーションを修正することで、エンジニアリングが改善されるという仮説は完全に間違っている。

　コラボレーションがうまくいけば、仕事の障害物が取り除かれることもあるだろう。だが、それによってスキルが高まるわけではない。

　アジャイルには大きな期待がかけられている。開発チームは機能が完成したらすぐに、少なくともイテレーションの終わりには、ソフトウェアをデリバリーすると思われている。開発チームにとっては大きな変化である。これまでの作業方法を変えずに、これを実現する方法はない。つまり、新しいプラクティスを習得する必要がある。だが、問題がいくつかある。アジャイルトランスフォーメーションでは、開発者のスキルを向上させるための予算が確保されていない。ビジネス側は、開発者の速度が落ちることを期待していない。開発者が新しいプラクティスを習得する必要があることすらわかっていない。協調的に仕事をすれば、開発者の作業は速くなると言われているからだ。

　ソフトウェアを 2 週間ごとにリリースするには、さまざまな規律と技術的なスキルが必要である。年に数回程度しかリリースしないチームにはないスキルだ。同じシステムを複数のチームで担当しながら、完成した機能をすぐにデリバリーするように期待されていると、事態はさらに悪くなる。システムの全体的な安定性を損なうことなく、1 日に何度もソフトウェアを本番環境にデプロイするには、チームのテクニカルプラクティスやエンジニアリングの習熟レベルがかなり高くなければいけない。開発者がプロダクトバックログの最上位の項目を選び、コーディングを開始して、そろそろ OK だと思ったら本番環境に反映するだけでは済まないのだ。戦略的思考が必要である。並列作業を可能にするモジュール設計が必要である。システムを本番環境に常にデプロイできるようにしながら、継続的に変更を受け入れる必要がある。そのためには、柔軟性と堅牢性のあるソフトウェアを継続的に構築する必要がある。柔軟性および堅牢性の確保と、継続的にデプロイすることのバランスを取るのは非常に難しく、高度なエンジニアリングスキルがなければ実現できない。

　協調的な環境を作るだけで、こうしたスキルがチームに身に付くと考えるのは非現実的である。こうしたテクニカルスキルを身に付けるためのサポートが必要になる。それは、コーチング、トレーニング、実験、自己学習の組み合わせで実現できるだろう。ビジネスのアジリティとは、どれだけすばやくソフトウェアを進化させられるかである。このことは、エンジニアリ

ングのスキルやテクニカルプラクティスを育成することを意味している。

開発者のアジャイル離れ

　すべての企業が上記の問題に苦しんでいるわけではない。少なくとも同じレベルではないだろう。アジャイルトランスフォーメーションを実施した企業は、たとえ部分的であっても、ビジネス的にはうまくいっている。イテレーションは短くなった。ビジネスとテクノロジーのコラボレーションは、以前よりも密になっている。問題やリスクは早い段階で特定されるようになった。新しい情報を入手したときにすばやく反応できるようになり、ソフトウェア開発の反復的なアプローチの恩恵を受けている。確かに以前よりもよくなった。だが、依然としてアジャイルプロセスとエンジニアリングが切り離されている。そのことが企業にダメージを与えている。最近のアジャイルコーチは、開発者にテクニカルプラクティスをコーチできるほどの技術スキルを持っていない。エンジニアリングについて話すこともほとんどない。開発者たちは、アジャイルコーチを新しいマネジメント層だとみなすようになった。開発者の作業を支援することなく、何をやるべきかを指示してくるからだ。

　開発者がアジャイルから離れているのか？　それともアジャイルが開発者から離れているのか？

　おそらく両方だろう。アジャイルと開発者はお互いに離れようとしている。多くの組織では、アジャイルとスクラムが同義語になっている。XP が存在しているとしても、TDD や継続的インテグレーションなどのテクニカルプラクティスに限定されている。アジャイルコーチは、開発者が XP のプラクティスを適用することを期待しているが、開発を支援したり関与したりすることはない。多くのプロダクトオーナー（やプロジェクトマネージャー）は、自分がチームの一員だと考えていない。物事が計画どおりに進んでいなくても、責任を感じることがない。システムの開発と保守を続けるために、開発者は技術力の向上が必要であることをビジネス側に懸命に訴えている。

　つまり、技術の問題がビジネスの問題であることを理解できるほど、企業は成熟していないのである。

　技術スキルを軽視しても、アジャイルはこれまでのようにソフトウェアプロジェクトを大きく改善できるのだろうか？　今でもアジャイルは、アジャイルマニフェストに書かれているように、**ソフトウェア開発の実践あるいは実践を手助けをする活動を通じて、よりよい開発方法を見つけだそうとしているのだろうか？**　私にはよくわからない。

ソフトウェアクラフトマンシップ

プロとしてのソフトウェア開発の水準を引き上げ、アジャイルの本来の目的を再構築するために、開発者のグループが 2008 年 11 月にシカゴに集まった。新しいムーブメント「ソフトウェアクラフトマンシップ」を生み出すためである。2001 年のスノーバードと同様に、コアとなる価値に合意し、アジャイルマニフェストをベースにした新しいマニフェストを作成した[1]。

　私たちは意欲的なソフトウェアクラフトマンとして、ソフトウェアクラフトマンシップの実践あるいは専門技術の学習の手助けをする活動を通じて、プロとしてのソフトウェア開発の水準を引き上げようとしている。この活動を通して、私たちは以下の価値に至った。

- 動くソフトウェアだけでなく、**精巧に作られたソフトウェア**も
- 変化への対応だけでなく、**着実な価値の付加**も
- 個人との対話だけでなく、**専門家のコミュニティ**も
- 顧客との協調だけでなく、**生産的なパートナーシップ**も

すなわち、左記のことがらを追求するなかで、右記のことがらも不可欠であることがわかった。

　ソフトウェアクラフトマンシップのマニフェストは、イデオロギーとマインドセットを記述したものである。さまざまな観点からプロフェッショナリズムを促進しようとしている。

　精巧に作られたソフトウェアとは、設計やテストがうまく行われたコードを意味する。恐れることなく変更できるコードであり、ビジネスの反応速度を高めるコードである。柔軟性と堅牢性の両方を備えたコードである。

　着実な価値の付加とは、何をするにしても、クライアントや雇用主に継続的に価値を提供することに常にコミットする必要があることを意味する。

　専門家のコミュニティとは、業界の水準を高めるために、お互いに協力しながら知識の共有や学習をすることが期待されていることを意味する。我々には次世代の開発者に居場所を用意する責任がある。

　生産的なパートナーシップとは、クライアントや雇用主とプロとしての関係性を築くことを意味する。常に倫理的で敬意を持った行動を心がけ、クライアントや雇用主に可能な限り最善の方法で助言や協力をする。我々が主導権を持ち、模範を示しながら指導する立場であっても、相互にリスペクトとプロフェッショナリズムを持った関係性を求める。

　我々は、仕事は必要だからやるものではなく、プロのサービスの一環としてやるべきものだ

1　http://manifesto.softwarecraftsmanship.org

と考えている。キャリアを自分のものとして考え、時間とお金を投資して質を高めるべきだ。これは、仕事上の価値観だけでなく、個人的な価値観でもある。クラフトマンは、お金をもらっているからではなく、いい仕事がしたいからこそ、自分のベストを尽くすのである。

　世界中で何千人もの開発者が、すぐにソフトウェアクラフトマンシップの原則と価値に同意してくれた。アジャイルの初期に感じていたあの興奮が戻ってきただけでなく、さらに強化されて戻ってきたのである。今度はムーブメントが乗っ取られないようにと心に誓った。これは開発者のためのムーブメントである。開発者が最高の存在になるためのムーブメントである。開発者が高度なスキルを持つプロとなり、それを自負するためのムーブメントである。

イデオロギーとメソドロジー

　イデオロギーとは、アイデアと理想からなるシステムである。メソドロジーとは、手法とプラクティスからなるシステムである。イデオロギーは目指すべき理想を定義する。この理想に近づくために、1つ以上のメソドロジーを使用する（目的に至るための手段である）。アジャイルマニフェストの12の原則を見ると[2]、イデオロギーがあることがわかる。アジャイルの主な目的は、ビジネスのアジリティと顧客満足を提供することである。それを実現するために、密なコラボレーション、反復的な開発、短いフィードバックループ、技術的卓越がある。スクラム、XP、DSDM、ASD、クリスタル、FDD などのアジャイル手法のメソドロジーは、すべて同じ目的のための手段である。

　メソドロジーとプラクティスは補助輪のようなものだ。最初のうちは非常に役に立つ。自転車に乗り始めた子どものように、補助輪があれば安全かつ管理されたやり方で始められる。自信がついたら補助輪を少し上げて、バランスを取れるように練習する。次に補助輪をひとつ外す。それからもうひとつ外す。この時点で子どもは1人で自転車に乗れるようになるだろう。補助輪を重視しすぎて長時間使用していると、子どもは補助輪に依存してしまい、外すのを嫌がるようになる。メソドロジーやプラクティスにこだわりすぎると、チームや組織が本当の目的を見失ってしまう。本来の目的は自転車の乗り方を教えることであり、補助輪をつけることではない。

　ジム・ハイスミスは著書『Agile Project Management: Creating Innovative Products』[3]のなかで「プラクティスのない原則は抜け殻だが、原則のないプラクティスは機械的に実施されてしまう。原則がプラクティスをガイドする。プラクティスが原則を具現化する。両者は密接に関連している」と述べている。メソドロジーとプラクティスはあくまでも目的を達成するた

2　https://agilemanifesto.org/iso/ja/principles.html

3　Highsmith, J. 2009. *Agile Project Management: Creating Innovative Products*, 2nd ed. Boston, MA: Addison-Wesley, 85.

めの手段である。だが、これらの重要性を軽視すべきではない。プロかどうかは働き方によって決まる。働き方（手法やプラクティス）が原則や価値基準に適合していなければ、それらを身につけていると主張することはできない。プロであれば、特定の文脈における自分の働き方を正確に説明できる。幅広くプラクティスを習得しており、ニーズに応じてそれらを使用することができるのだ。

ソフトウェアクラフトマンシップにプラクティスはあるか？

　ソフトウェアクラフトマンシップにプラクティスはない。よりよいプラクティスや働き方を永遠に追い求めることが推奨されている。優れたプラクティスが優れているのは、さらに優れたプラクティスが見つかるまでだ。ソフトウェアクラフトマンシップを特定のプラクティスと結び付けると、よりよいプラクティスが見つかったときに弱体化および陳腐化してしまう。ただし、あらゆるプラクティスを支持しないということではない。2008 年の創設以来、ソフトウェアクラフトマンシップのコミュニティは、XP を現在利用可能な最高のアジャイル開発プラクティスだとみなしている。TDD、リファクタリング、シンプルな設計、継続的インテグレーション、ペアプログラミングは、ソフトウェアクラフトマンシップのコミュニティで強く支持されている。だが、これらは XP のプラクティスであり、クラフトマンシップのプラクティスではない。なお、支持されているプラクティスはこれだけではない。クラフトマンシップでは、クリーンコードや SOLID 原則も推奨している。小さなコミット、小さなリリース、継続的デリバリーなども推奨している。ソフトウェア設計におけるモジュール性、手動や反復的な作業を排除するあらゆる自動化も推奨している。さらには、生産性を向上させ、リスクを軽減し、価値のある堅牢で柔軟なソフトウェアを生み出すプラクティスも推奨している。

　クラフトマンシップには、テクニカルプラクティス、エンジニアリング、自己改善だけではなく、プロフェッショナリズムも含まれる。これはクライアントのビジネスゴールの達成を可能にするものだ。アジャイル、リーン、クラフトマンシップが、完全に調和した領域だ。この3 つはよく似た目的を持っているが、それぞれ同等に重要であり、相互に補完的な視点から問題に取り組んでいる。

プラクティスではなく価値にフォーカスする

　アジャイルやクラフトマンシップのコミュニティでよく見られる間違いは、提供している価値ではなくプラクティスを推奨することだ。たとえば、TDD を考えてみよう。クラフトマン

シップのコミュニティで最もよく聞く質問に「TDD をやりたいのですが、どうすればマネージャー／同僚／チームを説得できますか？」というものがある。これは間違った質問だ。問題の合意ができていないのに、解決策を提供しようとしているところが間違いだ。価値が見えなければ、人は働き方を変えることはない。

　TDD を押し付けるのではなく、テストの時間を短縮する価値に合意してもらうところから始めるといいだろう。現在はどれくらい時間がかかっているのか？　2時間？　2日間？　2週間？　テストに関わっている人数は？　テストの時間が短縮できたらどうなる？　20分なら？　2分なら？　2秒なら？　しかもボタンを押すだけで、いつでも実行できるとしたら？　投資する価値はあるだろうか？　仕事は楽になるだろうか？　信頼できるソフトウェアをすばやくリリースできるだろうか？

　答えが「はい」であり、合意ができたのならば、それを実現するためのプラクティスについて話し合いを始められる。おそらく TDD が自然な選択になるだろう。TDD が好きではない人がいるのであれば、好きなプラクティスを聞くべきだ。合意された目標に対して、TDD と同等あるいはそれ以上の価値をもたらすプラクティスを提案してくれるだろうか？

　プラクティスについて話し合うときは、最初に達成したい目標について合意すべきである。絶対にやってはいけないのは、提案されたプラクティスを代替案を出さずに否定することである。

プラクティスの議論

　プラクティスの議論は、適切な人たちと適切なレベルで行う必要がある。ビジネスとテクノロジーのコラボレーションを改善するプラクティスを導入する場合は、ビジネスとテクノロジーの両方の人間を議論に参加させるべきだ。システムを構築するためのプラクティスについて議論する場合は、ビジネス側の人間を議論に参加させる必要はない。プロジェクトのコストや期間に大きな影響があるときにだけ、ビジネス側の人間は議論に参加すべきである。

　モノリシックなシステムをマイクロサービスで再構築することと、TDD を実施することには違いがある。前者はプロジェクトのコストや期間に大きな影響があるが、後者は（開発者が慣れているのなら）それほどでもない。開発者がテストを自動化するかどうかは、ビジネスと無関係でなければいけない。自動テストをプロダクションコードの前に書くのか、それとも後に書くのかといったことも、ビジネスと無関係でなければいけない。ビジネスが気にかけるのは、アイデアが本番のソフトウェアになるまでのリードタイムが短縮されるかどうかである。テスト、デプロイ、運用監視などの手動作業やバグの修正など、手戻りにかかるお金や時間を削減することも、開発チームが取り組むべきビジネスの関心事である。実験のコストを削減することも同様だ。ソフトウェアがモジュール化されておらず、テスト容易性が低ければ、実験のコ

ストは非常に高い。ビジネス側と開発者は、テクニカルプラクティスのことではなく、ビジネス価値について話し合う必要がある。

　開発者はテストを書く許可を求めてはいけない。ユニットテストやリファクタリングのタスクを独立させるべきではない。機能をプロダクションレディにするタスクを独立させるべきではない。こうしたテクニカルなアクティビティは、いずれかの機能の開発に含めるべきだ。これは任意ではない。マネージャーと開発者は、どのようにデリバリーするかではなく、何をいつデリバリーするかを話し合うべきである。開発者が詳細な方法をマネージャーに伝えれば、マネージャーは細かく管理するようになるだろう。

　開発者は具体的な方法を隠すべきなのだろうか？　そうではない。開発者は自分たちの方法とその利点を興味のある人に説明できるようにすべきだ。絶対にやってはいけないのは、自分たちの方法を他の誰かに決めさせることである。開発者とビジネス側の会話は「なぜ」「なに」「いつ」に関するものであり、「どのように」に関するものではない。

クラフトマンシップが個人にもたらすインパクト

　クラフトマンシップは個人に大きな影響を与える。世の中には、仕事と私生活を分けている人が多いようだ。「家に帰ったら仕事の話はしたくない」「プライベートの趣味が大事」とよく言われるが、仕事は雑用であり、悪いことであり、自分がやりたいからではなく、仕方なくやるものだと思っているのだろう。人生を 2 つに分けてしまうと、その 2 つが常に対立することになる。どちらを選ぶにしても、いずれかを犠牲にしなければいけない気持ちになる。

　クラフトマンシップでは、職業としてのソフトウェア開発を推奨している。仕事（job）を持つことと、職業（profession）を持つことは別ものだ。仕事はやるものであり、自分の一部ではない。一方、職業は自分の一部である。「何をされているんですか？」と聞かれたら、普通は「X という会社で**働いて**います」や「ソフトウェア開発の**仕事**をしています」と答えるだろう。だが、職業を持つ者は「**私は**ソフトウェア開発者です」と答える。職業は投資するものである。もっとうまくなりたいと思えるものである。スキルを高め、長期的に充実したキャリアを築きたいと考えられるものである。

　だからといって、家族と過ごしてはいけないとか、趣味を持ってはいけないということではない。2 つに分かれていない、バランスの取れた幸せな人生を送れるように、コミットメントと利益のバランスを取るべきである。家族、職業、趣味を優先させたいときもあるだろう。まったく問題はない。時期によってニーズは異なるものだ。だが、職業を持っているのなら、働くことを雑用と考えてはいけない。職業は個人としての喜びと充実感を与えてくれるものである。職業は人生に意味を与えてくれるものである。

クラフトマンシップが業界にもたらすインパクト

　2008年以降、ソフトウェアクラフトマンシップのコミュニティやカンファレンスの数が世界中で増加しており、何万人もの開発者を魅了している。アジャイルのコミュニティはソフトウェアプロジェクトにおける人とプロセスの側面に重点を置いているが、クラフトマンシップのコミュニティは技術的な側面に重点を置いている。XPや多くのテクニカルプラクティスを世界中の開発者や企業に宣伝するために、重要な役割を果たしてきた。多くの開発者が、TDD、継続的インテグレーション、ペアプログラミング、シンプルな設計、SOLID原則、クリーンコード、リファクタリングを学んでいるのは、ソフトウェアクラフトマンシップのコミュニティがきっかけである。さらには、システムのマイクロサービス化、デプロイメントパイプラインの自動化、クラウドに移行する方法なども学んでいる。さまざまなプログラミング言語やパラダイムについても学んでいる。アプリケーションのテストや保守のための新しいテクノロジーや手法を学んでいる。クラフトマンシップのコミュニティにいる開発者は、同じ考えを持つ人たちと出会い、自分たちの職業について話し合うことのできる、安全で友好的な空間を作っているのである。

　ソフトウェアクラフトマンシップのコミュニティはインクルーシブ（包摂的）である。ソフトウェアクラフトマンシップの目的は、当初からあらゆるバックグラウンドのソフトウェア開発者を集め、お互いに学び合い、ソフトウェア開発のプロの水準を引き上げることだった。クラフトマンシップのコミュニティでは、テクノロジーを問わず、経験のレベルに関係なく、あらゆる開発者の参加が歓迎されている。クラフトマンシップのコミュニティは、次世代の開発者に居場所を用意しようとしている。そのために、優れたソフトウェアの構築に必要なプラクティスを学習できるイベントを開催している。

クラフトマンシップが企業にもたらすインパクト

　ソフトウェアクラフトマンシップの導入は増加している。すでにアジャイルを導入した企業は、エンジニアリング能力を高めるものとしてクラフトマンシップの導入を検討している。だが、ソフトウェアクラフトマンシップはアジャイルのようにビジネス的な魅力を持っていない。多くのマネージャーは、XPのことをまったく理解していないか、落ち着かなくなっているかのいずれかである。マネージャーは、スクラム、イテレーション、デモ、レトロスペクティブ、コラボレーション、高速なフィードバックループのことは理解している。だが、プログラミングに関するテクニックについては関心がない。そうした人たちにしてみれば、XPはプログラミ

ングに関するものであり、アジャイルソフトウェア開発に関するものではないのである。

　2000 年代初期のアジャイルコーチは強力な技術的バックグラウンドを持っていた。だが、現代のアジャイルコーチは、XP のプラクティスを教えることも、ビジネス側にエンジニアリングを伝えることもできない。開発者の隣に座り、ペアプログラミングすることもできない。シンプルな設計について話し合ったり、継続的インテグレーションのパイプラインの設定を手伝ったりすることもできない。レガシーコードのリファクタリングを手伝うこともできない。テスト戦略について議論できない。本番環境にある複数のサービスの保守についても議論できない。ビジネス側にテクニカルプラクティスの利点をうまく説明できない。技術戦略を策定したり、アドバイスしたりすることも当然できない。

　それでも、企業には信頼性の高い（ビジネスニーズにあわせて迅速に反応できるようにする）システムが必要である。また、システムをうまく開発および保守できる、モチベーションの高い有能な技術チームも必要である。そして、ここがソフトウェアクラフトマンシップの得意とする分野だ。

　ソフトウェアクラフトマンシップのマインドセットは、多くの開発者にインスピレーションを与える。目的を持つ感覚、プライドを持つ感覚、物事をうまくやることの本質的な意欲を与えてくれる。ほとんどの開発者は、一般の人たちと同様に、物事を学ぶことやうまくやることに熱心である。そして、成長できる環境とサポートを必要としている。クラフトマンシップを導入した企業では、社内の実践コミュニティが盛んである。開発者たちは、みんなで一緒にコードを書き、TDD を練習し、ソフトウェア設計のスキルを向上させる社内のセッションを開催している。新しいテクノロジーを学んだり、手掛けているシステムを現代風にしたりすることに興味を持っている。コードベースを改善し、技術的負債を排除するための方法について議論している。ソフトウェアクラフトマンシップは学習する文化を育む。企業はイノベーティブになり、すばやく反応できるようになる。

クラフトマンシップとアジャイル

　ソフトウェアクラフトマンシップのムーブメントが生まれたきっかけは、アジャイルの方向性に多くの開発者が不満を抱いていたことと関係している。そのため、クラフトマンシップとアジャイルは相容れないものだと感じている人もいる。だが、クラフトマンシップのムーブメントの参加者には、アジャイルのムーブメントに参加していた人たちもいる。彼らはアジャイルがプロセスを重視しすぎており、エンジニアリングを重視していないことを批判している。一方、アジャイルのムーブメントの人たちは、クラフトマンシップは**現実**のビジネスや人々の問題を軽視しており、あまりにも視野が狭いと批判している。

　双方から正当な批判がなされているが、意見の相違は根本的な相違というよりも、同族意識に由来するものである。どちらのムーブメントもよく似たことを達成しようとしている。どちらも顧客満足を求め、密接なコラボレーションを望み、短いフィードバックループを重視している。どちらも高品質で高価値な成果を提供し、どちらも**プロフェッショナリズム**を求めている。ビジネスのアジリティを達成するために、企業は協調的で反復的なプロセスだけでなく、優れたエンジニアリングのスキルも必要である。それを実現する完ぺきな方法がある。それは、アジャイルとクラフトマンシップの組み合わせだ。

結論

　2001 年のスノーバードでケント・ベックは、アジャイルは開発とビジネスの断絶を修復するものであると述べた。残念なことだが、プロジェクトマネージャーたちがアジャイルコミュニティに殺到すると（最初にアジャイルのコミュニティを生み出した）開発者たちは疎外感を抱き、軽視されていると感じるようになった。そして、アジャイルのコミュニティを離れ、クラフトマンシップのムーブメントを生み出した。今でもその不信感が続いている。

　それでも、アジャイルとクラフトマンシップの価値観は強く関連している。この 2 つのムーブメントは分けるべきではない。願わくばいつの日にか、両者には再び一緒になってもらいたい。

結論

　おしまい。これがアジャイルに関する私の記憶、意見、心からの叫びである。楽しんでもらえたら幸いだ。少しでも学びがあったならうれしい。

　アジャイルは、我々がこれまでに見たソフトウェアのプロセスや手法の革命のなかで、最も重要であり、最も永続的なものである。2001 年 2 月にユタ州スノーバードに集まった 17 名が転がした雪玉が、そのような痕跡を残したのである。その雪玉に乗りながら、だんだん大きくなって加速したり、岩や木にぶつかったりする様子を見るのは、私にとっては非常に楽しいものだった。

　本書を執筆したのは、本来のアジャイルとは何だったのか、今でもアジャイルはどうあるべきかを、誰かが大声で主張しなければいけないと思ったからである。基本に立ち戻るべきだと考えたのだ。

　これまでもこれからも、アジャイルの基本となるのは、ロン・ジェフリーズのサークルオブライフの規律だ。ケント・ベックのエクストリームプログラミング[1]の価値、原則、規律だ。マーチン・ファウラーのリファクタリング[2]の動機、技法、規律だ。こうした基本は、グラディ・ブーチ、トム・デマルコ、エドワード・ヨードン、ラリー・コンスタンティン、メイリル・ペイジ・ジョーンズ、ティモシー・リスターも言及している。

　これらは、エドガー・ダイクストラ、オーレ＝ヨハン・ダール、アントニー・ホーアが叫んでいたものである。ドナルド・クヌース、バートランド・メイヤー、イヴァー・ヤコブソン、ジェームス・ランボーが語っていたものである。ジェームス・コプリエン、エリック・ガンマ、リチャード・ヘルム、ジョン・ブリシディース、ラルフ・ジョンソンが繰り返していたものである。注意深く耳を澄ませば、ケン・トンプソン、デニス・リッチー、ブライアン・カーニハン、P.J. プローガがささやいていたものである。こうした声が響き渡るなかで、アロンゾ・チャーチ、ジョン・フォン・ノイマン、アラン・チューリングたちが、きっとどこかで微笑みかけているだろう。

　こうした基本には歴史があり、実証済みであり、真実である。どれだけ新しいものが追加されたとしても、こうした基本は今も残っている。そこには重要な意味があり、アジャイルソフトウェア開発の中核となっているのである。

1　Beck, K. 1999. *Extreme Programming Explained: Embrace Change*. Boston, MA: Addison-Wesley.

2　Fowler, M. 2019. *Refactoring: Improving the Design of Existing Code*, 2nd ed. Boston, MA: Addison-Wesley. （邦訳：『リファクタリング (第 2 版): 既存のコードを安全に改善する』オーム社）

あとがき

執筆：エリック・クリッチロー（2019 年 4 月 5 日）

　アジャイルへの移行が決まった最初の仕事のことを今でも覚えている。2008 年に所属していた会社が大企業に買収され、方針、手続き、人事に大きな変更があったのだ。その他にもアジャイルのプラクティスを重視していた仕事がいくつか思い出される。スプリントプランニングやスプリントレビューなどの儀式が厳格に行われていた。ある会社では、すべての開発者が 2 日間のアジャイル（スクラム）の研修を受け、認定スクラムマスターを取得した。研修で私はモバイル開発者として、モバイルアプリのことを記述した。それは、アジャイルポーカー[1]をプレイするためだ。

　アジャイルを最初に経験してから 11 年が経った。その間にいくつもの会社を渡り歩いたが、アジャイルプラクティスを使っていたかどうかは思い出せない。おそらくアジャイルが当たり前のものとなり、深く考えていなかったのだろう。あるいは、アジャイルを導入していない組織が多かったのだろう。

　はじめてアジャイルを紹介されたとき、私はそれほど熱心でなかった。ウォーターフォール

1　訳注：プランニングポーカーだと思われる。

には問題があるのかもしれないが、私のいた組織は設計ドキュメントにほとんど時間をかけていなかったからだ。開発者の仕事のやり方は、次のリリースに必要な機能と納期を口頭で伝えられ、作業が終わるまで放置されるというものだった。恐ろしいデスマーチになる可能性もあったが、自分の好きなように仕事を構成できるという自由があった。世の中のデイリースタンドアップミーティングでは、昨日の作業や今日の作業をいちいち報告しなければいけないようだが、そのように何度も説明や検査をすることからも解放されていた。1週間かけて車輪の再発明をするにしても、誰からも批判されずに勝手にやれた。私のやっていることを誰も知らなかったからだ。

　上司の開発ディレクターは、我々を「コード・スリンガーズ（早撃ち名人）」と呼んでいた。ソフトウェア開発の西部開拓時代に、キーボードを「撃ちまくる」ことが大好きな連中だったからだ。彼は正しかった。アジャイルプラクティスは、我々のような「ならず者」を取り締まる町の新しい保安官だった。

　アジャイルには、私を引き込むにはまだ足りないところがあった。

　アジャイルはソフトウェア開発会社のデファクトスタンダードだとか、すべての開発者が肯定的に受け入れていると信じるのは大げさである。だが、ソフトウェア開発の世界でアジャイルの重要性を否定するのもバカげている。アジャイルとはどういう意味だろうか？　正確にはどこが重要なのだろうか？

「アジャイル組織」の開発者にアジャイルとは何かと聞くと、マネージャーレベルの答えとはまったく違ったものが返ってくる。本書が最も大きな影響を与えるのは、おそらくそのあたりになるだろう。

　アジャイルとは、開発プロセスを効率化する方法論であり、ソフトウェア開発を予測可能、実用可能、管理可能にする方法論である。開発者はそのことを理解している。こうした観点から見るのは合理的である。なぜならそこが、アジャイルが最も直接的に影響を与えるところだからだ。

　個人的な経験からすると、多くの開発者はマネジメントがアジャイルプラクティスの指標やデータを利用していることを知らない。一部の組織では、すべての開発チームがこうした指標のミーティングに参加しているようだ。だが、その他の多くの組織では、開発者はそのようなことが議論されていることを知らない。そもそもこうした議論がなされていない組織もある。

　以前から私はアジャイルにこのような側面があることを認識していた。だが、アジャイルを啓蒙するには、本書でも説明されているアジャイルの作者たちの本来の意図や思考プロセスを理解することが有効だと気づいた。作者たちが人間らしいところもよい。彼らは超エリートのソフトウェアアーキテクトではない。ソフトウェアエンジニアリングの指導者から任命されたわけでも、ソフトウェアプログラマーの民衆から選出されて典範を受け取ったわけでもない。彼らは、仕事や人生からストレスを減らして楽なものにするというアイデアを持った、経験を

積んだ開発者たちである。失敗する運命にある環境で働くことにうんざりして、成功できる環境に発展させたかった人たちである。

私がこれまでに働いてきた会社にいた開発者のようだ。

スノーバードのミーティングが開催されてから15年後のこと。私と一緒に働いたことのあるような人たちがそのミーティングを開き、アジャイルの考えをデジタルペーパーに署名していたことを知った。だが、ベテランの開発者というのは、現実のソフトウェア開発ではうまくいかない空想を抱きやすい。組織やマネジメントにコミットさせる影響力を持った、ハイエンドなコンサルタントの世界ならうまくいくのだろう。だが、我々は下っ端であり、ソフトウェア工場の機械の歯車である。我々は交換可能だ。影響力もない。権利章典のようなものが理想的であることは理解できるが、我々の役には立たないだろう。

現代のソーシャルメディアのコミュニティでは、多くの若い開発者たちが、コンピューターサイエンスの分野や9時5時の開発作業の枠組みを飛び越え、世界中の開発者たちとつながったり、さまざまなやり方で学習したり、知識や経験を新人の開発者たちに教えたりしている。そういう様子を見ると刺激を受ける。こうした若い人たちがデジタルでつながりを持ち、ソフトウェアの方法論に大きな変化をもたらしてくれることを期待している。

若い世代が生み出してくれる大きな変化を待ちながら、我々は自分たちが今どこにいて、現在何をしなければいけないかを見直すべきだ。

本書を読み終えた今、少し考えてみてほしい。これまであまり深く考えたことのないアジャイルの側面について考えてみてほしい。リリース計画やプロダクトロードマップを作成する開発マネージャーの観点だけでなく、ビジネスアナリストやプロジェクトマネージャーなどの観点からも考えてほしい。開発者からインプットを受けたアジャイルプロセスが、どのような価値をもたらすかを考えてほしい。普通に作業したときよりも、そのインプットが次の2週間に与える影響を理解してほしい。それから本書に戻ってきて、あらためて読んでみてほしい。このような広い観点を持って取り組むと、これまでよりも役立つインサイトが得られるはずだ。

あなたが読み終えたなら、今度は同僚の開発者に本書を読んでもらい、同じように内省してもらおう。開発者ではない人に渡してみるのもいいだろう。会社の「ビジネス」側の人に渡してみるのもいい。彼らはこの権利章典について、これまで考えたことがないはずだ。アジャイルプロセスから引き出せる指標と同じくらい、これらの権利もアジャイルにとって欠かせない存在であることを理解してもらえれば、あなたの人生はずっと楽しいものになる。

あなたは「アジャイルはソフトウェア開発の世界の宗教である」と言うかもしれない。だが、我々の多くは「ベストプラクティス」として受け入れている。なぜか？　そう言われたからだ。アジャイルは物事を成し遂げるための方法であり、それはもはや伝統になっている。若い世代の企業の開発者たちもそのように考えている。若い彼らにとって（年寄りである我々の多くも）、アジャイルがどこから来たのか、本来のゴール、目的、プラクティスが何だったのかを知らな

い。あなたは「アジャイルは宗教である」と言うかもしれない。だが、アジャイルの本当の支持者たちは、単に言われたことを信じているのではない。自分が何を支持しているのかを熱心に理解しようとしているのである。また、宗教でもそうだが、普遍的に受け入れられる万能のものは存在しない。

　仮に宗教なのだとしたら、その起源や経典を生み出した出来事や考えを理解することの重要性を考えてみてほしい。これが仕事の話なのだとしたら、まさに今みなさんが本書を読みながらやっていることだ。それを価値のあるものすべてのことに適用してほしい。自分の影響範囲にいる人たちに布教してほしい。本来の目標を取り戻してほしい。それは、あなたやあなたがこれまでに一緒に働いたことのある人たちが、強く求め、語り合い、おそらくは諦めてしまった目標である。ソフトウェア開発を成功可能なものにしよう。組織の目標を到達可能なものにしよう。モノを作るプロセスをさらにいいものにしよう。

訳者あとがき

　本書は、"Robert C. Martin. *Clean Agile: Back to Basics*. Prentice Hall, 2019. 978-0135781869" の全訳である。著者の「Clean」シリーズも『Clean Code』『Clean Coder』『Clean Architecture』に続く4作目となる。

　本書のテーマは、タイトルからもわかるように「アジャイル」である。アジャイルとは、それまでの「重量級開発プロセス」に対抗すべく提唱された「軽量級開発プロセス」の専門家たち[1]が2001年に一堂に会し、統一的な見解をマニフェスト（宣言）や原則としてまとめたものである。本書の著者であるボブ・マーチンは、そのミーティングを主催した人物であり、アジャイルの生みの親のひとりであり、第一人者としても知られる業界の有名人である。

アジャイルが死んだ時代

　なぜ今さらアジャイルなのかと疑問に思われる方もいるだろう。アジャイルはソフトウェア開発だけでなくビジネスの分野にも浸透しており、まだうまくできていないにしても、すでに「当たり前」のものとなっているからだ。だが、アジャイルは（本書の言葉を借りれば）その知名度と意味を「不正利用」されている。適切に利用している「リーンスタートアップ」や「DevOps」が登場した一方で、ソフトウェア開発とは関係のないものまでもが「アジャイル」として売り出されている。それが「当たり前」になってしまったのだ。

　このことはアジャイルの生みの親たちも危惧しており、マーチン・ファウラーの「ヘロヘロスクラム[2]」（2009）やデイヴ・トーマスの「アジャイルは死んだ[3]」（2014）といったブログ記事において、以前から問題提起されている。著者のボブ・マーチンもアジャイルの生みの親のひとりとして、「クラフトマンシップ[4]」（2009）という概念を提唱するようになった。

　だが、状況が改善されることはなかった。同時期に登場した「大規模アジャイル」が人気を獲得したことで、本質的なアジャイルの理解が損なわれ、むしろ事態は悪化したようにも見え

1　ケント・ベック、マイク・ビードル、アリー・ヴァン・ベナクム、アリスター・コーバーン、ウォード・カニンガム、マーチン・ファウラー、ジェームス・グレニング、ジム・ハイスミス、アンドリュー・ハント、ロン・ジェフリーズ、ジョン・カーン、ブライアン・マリック、ボブ・マーチン、スティーブ・メラー、ケン・シュエイバー、ジェフ・サザーランド、デイヴ・トーマスの17名

2　第6章を参照。

3　https://pragdave.me/blog/2014/03/04/time-to-kill-agile.html

4　第7章を参照。

る。つまり、2010年代は生みの親たちの手を離れたアジャイルが[5]、まさに「死んだ」時代だったのだ。

基本に立ち戻る

アジャイルの誕生当時、ケント・ベックは「ビジネスと開発の分断を修復すること」が目標だと述べた。以前と比べれば、ビジネスと開発の分断はかなり修復されている。だが、上記のような新たな分断も生まれている。

生みの親の思いと違ったものになってしまうのは、よくある話なのかもしれない。そこで「仕方ない」と諦めて距離を置くこともできた。だが、著者のボブ・マーチンは、アジャイルの誕生の立役者である（訳者たちは彼の功績を讃え「1号ライダー」と呼んでいる）。その責任を感じているからだろうが、彼は諦めることなく、生みの親たちの思いを再確認する道を選択した。

その道は、本書のサブタイトル「Back to Basics（基本に立ち戻れ）」にあるとおり、アジャイルマニフェストの誕生時期に立ち戻り、基本的なことを積み上げていくものになった。なかでも当事者の視点から描かれた第1章「アジャイル入門」は必読だ。訳者の2人はアジャイルについて「かなり詳しい」部類だと自負しているが、それでも知らないことがたくさんあった。たとえば、XPの非営利組織の設立が見送られたこと、マーチン・ファウラーとボブ・マーチンがコーヒーショップで招待リストを作ったこと、スノーバードの会議室の名前、ウォード・カニンガムがウェブサイトを開設したことなどだ。スノーバードのミーティングは豪華なイベントではなく、みなさんが普段やっている勉強会やオフ会のようなものだったことがわかる。

また、XP（エクストリームプログラミング）をアジャイルの説明のベースとして採用しているため、ビジネスやチームのことだけでなく、技術面についてもきちんと触れられているのも本書の特徴である。現代に必要なデザインや運用の記述が弱い面もあるが、基本的なことが簡潔にまとめられている。

幼年期の終わり

基本に立ち戻ることは、懐古主義や思い出補正ではない。本書には毎度おなじみの昔話（パンチカード！）が満載だし、いまさらXPなのかという印象を受けるのも無理はない。だが、アジャイルとは価値や原則であり、時代によって大きく変化するものではない。アリスター・コーバーンによれば、アジャイルマニフェストを作成した段階で、今後内容を更新しないこと

---

5 「アジャイル」は形容詞であり、名詞として使うものではないという指摘もある。

にみんなで合意したそうだ[6]。変わらないものなのだから、いつ立ち戻っても構わない。

　2001 年に誕生したアジャイルは、間もなく 20 歳を迎えようとしている。アジャイルの幼年期はもうすぐ終わる。アジャイルはこれから先も変わることはないだろう。本書を通して、アジャイルの生みの親たちの声に耳を傾けてみてほしい。基本を理解しておけば、世の中に蔓延する「不正利用」にだまされることはないはずだ。そして、その基本を同僚や後輩にも伝えてほしい。我々には「次世代の開発者に居場所を用意する責任がある[7]」のだから。

6　https://twitter.com/TotherAlistair/status/1294690898224316417

7　第 7 章を参照。

訳者について

角 征典（かど まさのり）

ワイクル株式会社代表取締役。東京工業大学環境・社会理工学院特任講師。アジャイル開発やリーンスタートアップに関する書籍の翻訳を数多く担当し、それらの手法のコンサルティングに従事。主な訳書に『リーダブルコード』『Running Lean』『Team Geek』（オライリー・ジャパン）、『エクストリームプログラミング』『アジャイルレトロスペクティブズ』（オーム社）、『Clean Coder』『Clean Architecture』（アスキードワンゴ）、共著書に『エンジニアのためのデザイン思考入門』（翔泳社）がある。

角谷 信太郎（かくたに しんたろう）

個人事業主。一般社団法人日本 Ruby の会理事。エクストリームプログラミングの理念である「新たな社会構造」のために自分がやれることをやっている。主な共訳・監訳書に『なるほど Unix プロセス』（達人出版会）、『Ruby のしくみ』『アジャイルサムライ』（オーム社）、『アジャイルな見積りと計画づくり』（マイナビ出版）がある。

索　引

● 本書に対するお問い合わせは、電子メール (info@asciidwango.jp) にてお願いいたします。但し、本書の記述内容を越えるご質問にはお答えできませんので、ご了承ください。

クリーンアジャイル
Clean Agile
基本に立ち戻れ

2020 年 10 月 5 日　初版発行
2023 年 12 月 25 日　第 1 版第 2 刷発行

著　者　Robert C. Martin
　　　　ロバート　　　　マーチン

訳　者　角 征典、角谷信太郎
　　　　かど まさのり　かくたにしんたろう

発行者　夏野 剛
発　行　株式会社ドワンゴ
　　　　〒104-0061
　　　　東京都中央区銀座 4-12-15 歌舞伎座タワー
　　　　編集　03-3549-6153
　　　　電子メール　info@asciidwango.jp
　　　　https://asciidwango.jp/

発　売　株式会社 KADOKAWA
　　　　〒102-8177
　　　　東京都千代田区富士見 2-13-3
　　　　KADOKAWA 購入窓口　0570-002-008 （ナビダイヤル）
　　　　https://www.kadokawa.co.jp/

印刷・製本　株式会社リーブルテック

Printed in Japan

本書 (ソフトウェア/プログラム含む) の無断複製 (コピー、スキャン、デジタル化等) 並びに無断複製物の譲渡および配信は、著作権法上での例外を除き禁じられています。また、本書を代行業者などの第三者に依頼して複製する行為は、たとえ個人や家庭内での利用であっても一切認められておりません。定価はカバーに表示してあります。

ISBN978-4-04-893074-1　C3004

アスキードワンゴ編集部
編　集　鈴木嘉平